dr. med. markus metka · thomas m. walkensteiner

anti aging gourmet kochbuch No. 1

das programm
für ein neues lebensgefühl

unter mitarbeit von silke-elisabeth wastler
mit fotografien von konstantin fischer
und franz sövegjarto

christian brandstätter verlag

Inhalt

8. Die Anti-Aging-Rezepte 61

1. Einleitung Das Geheimnis der ewigen Jugend

Dem Geheimnis der Jugendlichkeit auf die Schliche zu kommen, ist seit Menschengedenken ein unerfüllter Traum. Der Anti-Aging-Fachmann und Hormonexperte Dr. Markus Metka und Chefkoch Thomas M. Walkensteiner haben es mit diesem Anti-Aging-Gourmetkochbuch fertiggebracht, dieser alten Sehnsucht der Menschheit ein Stück näher zu kommen. Schmackhafte, gesunde und auf neuen medizinischen Erkenntnissen beruhende Rezepte vermitteln dem Leser die Essenz des Anti-Aging-Konzepts.

Bevor Sie jedoch durch dieses Kochbuch erfahren, wie Sie jung und gesund bleiben können, sollten Sie zunächst einmal wissen, wofür der Begriff Anti-Aging steht. Anti-Aging ist ein umfassendes Konzept, das zum Ziel hat, Ihre Jugendlichkeit und Vitalität zu fördern und zu erhalten – körperlich wie auch geistig und bis ins hohe Alter. In den heutigen Medien ist das Wort Anti-Aging allerdings ein Modewort geworden, das für eine Fülle von Informationen steht und häufig falsch verstanden wird. Eigentlich sollte es daher besser lauten: „Successful-Aging", also erfolgreiches Altern, um alle eventuellen Missverständnisse aus dem Weg zu räumen. Da sich jedoch der Begriff Anti-Aging derart etabliert hat, werden wir, um nicht unnötig Verwirrung zu stiften, dabei bleiben. Das Geheimnis von Anti-Aging beruht auf fünf Säulen, wobei jene der Ernährung eine der entscheidendsten ist. Die weiteren Säulen sind Hormone, Umwelt, Bewegung und, nicht zu vergessen, Spiritualität.

Durch gezielte Ernährung kann man den Hormonhaushalt günstig beeinflussen. Denn obwohl leider sechzig Prozent unserer Erbanlagen, also Gene, vorprogrammiert sind, ist es möglich, den verbleibenden vierzig Prozent ein Schnippchen zu schlagen. Wie das funktionieren soll, zeigen wir Ihnen anhand dieses Anti-Aging-Kochbuches. Gesunde Ernährung ist für das richtige Lebensgefühl oberstes Gebot. Bereits nach kurzer Zeit greift das Anti-Aging-Erfolgsgeheimnis, sodass sogleich ein echter Ansporn gegeben ist. Je früher man mit Anti-Aging beginnt, desto länger kann man seine Jugendlichkeit bis ins hohe Alter bewahren. Doch, wohlgemerkt, es ist nie zu spät, um damit zu beginnen!
Ein gesundes und bewusstes Leben zu führen, muss nicht bedeuten, auf die schönen Dinge des Lebens zu verzichten und künftig nur mehr vor einem Berg Karotten zu sitzen. Wir haben uns mit diesem Kochbuch die Aufgabe gestellt, Ihnen Gesundes ohne Verlust von Genuss zu vermitteln. Darum haben wir für Sie herrliche kulinarische Verführungen gesammelt, die das Auge erfreuen und den Gaumen genießen lassen.
Wir wünschen Ihnen bereits jetzt viel Freude bei Ihrem neu gewonnenen Lebensgefühl und einen guten Appetit!

2. Beginn der Anti-Aging-Medizin

Der Wunsch, ewig zu leben und dabei noch jung und gesund zu bleiben, ist so alt wie die Menschheitsgeschichte. Wer träumt nicht davon, hundert Jahre oder älter zu werden und dabei nicht an Schönheit zu verlieren? Man muss dazu, wie man heute weiß, nicht den Pakt mit dem Teufel eingehen. Die gesunde Ernährung ist bereits des Rätsels Lösung!

Jahrhundertelang experimentierten die Menschen mit diversen Mittelchen, um den Alterungsprozess zu stoppen. Einige davon sind noch heute in Verwendung. Jedoch ist man einen enormen Schritt weiter. Zwei wichtige Faktoren, die im letzen Jahrhundert zu einer deutlichen Erhöhung der Lebensqualität geführt haben, dürfen wir hierbei nicht übersehen. Zum einen die Verbesserung der Trinkwasserqualität und zum anderen die Erfindung des Kühlschrankes. Ohne diese beiden Komponenten wäre ein erfolgreiches Altern (Successful-Aging) in der Qualität, wie wir es heute kennen, gar nicht möglich.

Für die Suche nach neuen Stoffen, Pflanzen und anderen Einflüssen, um das Altern zu verlangsamen, hat man mit Anti-Aging einen populären Begriff gefunden. Dieser hat sich in den letzten Jahren etablieren können.
In den USA findet die Lehre von Anti-Aging mittlerweile sogar als eigene medizinische Forschungsrichtung Anerkennung.
Anti-Aging ist Successful-Aging. Altwerden wird als Ehrensache betrachtet. Denn es gilt nun als allgemein bekannt, dass Altern kein passiver Prozess, sondern durchaus aktiv beeinflussbar ist.
Wie rasant sich die Anti-Aging-Bewegung während der letzten zehn Jahre entwickelt hat, zeigt sich vor allem in den USA. Dort ist der Begriff bereits in den sechziger Jahren aufgekommen. Damals war die Anti-Aging-Bewegung jedoch noch eng mit der Hippiekultur verknüpft. Schulmediziner belächelten diesen Trend. Die Wende kam erst 1993, als die American Academy of Anti-Aging Medicine von zwölf Ärzten gegründet wurde. Diese Organisation hat heute über 10.000 Mitglieder weltweit.
Europa übernimmt nun nach und nach die Anti-Aging-Ideen. Jedoch werden diese von der europäischen Bevölkerung kritischer durchleuchtet. In jedem Fall ist Anti-Aging nicht mehr zu bremsen und wird schon sehr bald jedem Kind ein Begriff sein.

Das Beispiel von Campodimele

Campodimele ist ein friedliches Dörfchen in Italien, das in 617 Metern Höhe in den Bergen südlich von Rom liegt und nur über eine schmale Schotterstraße erreichbar ist. Die Menschen leben dort in Einklang mit der kargen Natur. Bereits seit Generationen werden die Felder innerhalb der einzelnen Familien bestellt. Die Bergleute sind zufrieden und glücklich. Verirrt sich dorthin doch einmal ein Tourist, wirkt diese Idylle auf ihn schon beinahe unwirklich. Bei näherem Hinsehen fällt einem allerdings etwas Außergewöhnliches auf: Viele der zufriedenen Leute, die man in Campodimele trifft, sind steinalt.

Campodimele ist der Ort innerhalb Italiens, in dem die meisten über hundertjährigen Menschen leben. Interessanterweise gibt es dort aber mehr über hundertjährige Männer als Frauen. Auch die Frauen erreichen jedoch ein stattliches Alter.

Campodimele bedeutet übersetzt: das Apfelfeld. Aber Äpfel alleine können nicht dafür ausschlaggebend sein, dass das Durchschnittsalter in diesem Dorf dermaßen hoch ist. Sicherlich spielt auch das kaltgepresste Olivenöl, das aus eigenen Olivenhainen stammt und das die Bewohner ehrfürchtig als „Öl Gottes" bezeichnen, eine entscheidende Rolle. Auch das Brot wird selbst gebacken – eine Sorte, die es bereits vor mehr als Tausend Jahren gab. Weizen, Gerste und Mais gedeihen mit natürlichem Dünger und ohne Pflanzenschutzmittel. Tomaten und sogenannte „Cicerchia-Bohnen" sind bei den Dorfbewohnern sehr beliebt. Die Bohnen werden eigens mit Olivenöl und Kräutern eingelagert. Selbst die Nudeln werden in Eigenproduktion hergestellt, ganz ohne Salz. Der tägliche Salzverbrauch der Einwohner von Campodimele liegt unter drei Gramm (der normale Durchschnittsverbrauch liegt hingegen bei 12 bis 15 Gramm). Gemüse gibt es dort in Hülle und Fülle, allerdings keine Arten aus modernen Züchtungen.

Die Bewohner von Campodimele essen weder Fleisch noch Wurst, sondern ausschließlich Fisch. Zum Abrunden des Geschmackes trinken sie dazu jeden Tag noch zwei Gläschen Rotwein.

Für die Weltgesundheitsorganisation WHO sind die Einwohner von Campodimele sogar so interessant, dass sie eine eigene Beobachtungsstation aufgebaut hat, um die Ernährungsgewohnheiten in Zusammenhang mit dem Lebensalter zu erkunden. Warum Männer in dieser Region noch ein wenig älter werden als Frauen, ist bis jetzt noch ungeklärt.

Eines steht jedenfalls schon fest: Die Einwohner von Campodimele leben seit langem intuitiv nach den Grundregeln von Anti-Aging. Ihre abgeschiedene Lebensweise können wir uns freilich nicht aneignen, wohl aber die wesentlichen Elemente der Ernährung und Harmonie, die im Kapitel „Die Fünf Anti-Aging-Säulen" näher erläutert werden. Von uns bekommen sie jedenfalls den Anti-Aging-Oscar verliehen, denn soviel natürliches Bewusstsein ist beachtenswert!

3. Das Anti-Aging-Konzept

Die fünf Anti-Aging-Säulen

1. Säule: Die Ernährung

Insbesondere mit dieser ersten Säule, die eine der wichtigsten ist, befasst sich dieses Anti-Aging-Gourmetkochbuch. Ernährung, Gesundheit und Lebenserwartung stehen in einem ungeahnt nahen Zusammenhang, den Sie für sich nutzbar machen können! Essen Sie das richtige Fleisch, die richtigen Fette und die richtigen Kohlehydrate, meiden Sie am besten jeglichen Zucker und nutzen Sie die faszinierenden Möglichkeiten der Pflanzeninhaltsstoffe.

2. Säule: Die Hormone

Die ersten zwei Säulen sind eng miteinander verknüpft. Jedoch ist der richtige Hormonhaushalt für die Erhaltung der Gesundheit und die Verlangsamung des Alterungsprozesses von solch entscheidender Bedeutung, dass die Hormone eine eigene Säule bilden. Durch die Ernährung mit den richtigen Lebensmitteln können Sie Ihre hormonelle Balance wieder herstellen!

3. Säule: Die Umwelt

Das gesamte Umfeld, in dem ein Mensch lebt, hat Auswirkungen auf sein Wohlbefinden und seine Gesundheit. Harmonische äußere Lebensbedingungen ebenso wie die richtige Lebensführung sind wichtige Voraussetzungen, um gesund alt zu werden. Dazu gehört auch, das Rauchen zu vermeiden oder auf ausreichenden Schlaf zu achten.

4. Säule: Die Bewegung

Regelmäßige körperliche Aktivität verlangsamt den Alterungsprozess. Insbesondere die körperliche Leistungsfähigkeit und Ausdauer bleibt durch gelegentlichen Sport weit länger erhalten. Außerdem wirkt er sich positiv auf die Psyche aus. Wer die Ansicht vertritt, Sport sei Mord, hat sich leider geirrt. Die Fingerübungen, die man beim Drücken der Fernsehtastatur macht, reichen nicht aus, um sich sportlich aktiv zu nennen. Graben Sie Ihren alten Trainingsanzug wieder aus, beginnen Sie Schritt für Schritt. Fangen Sie nicht gleich so an, dass Ihre nächste Trainingstunde erst wieder zwei Jahre später folgen wird. Das gesunde Maß ist das Ziel. Anstatt mit dem Lift zu fahren, gehen Sie doch einfach zu Fuß. Ihr Körper wird es Ihnen danken.

5. Säule: Die Spiritualität

Spiritualität meint hier einen Überbegriff für Dinge, die uns leiten und berühren. Sei dies nun Harmonie, Glück, Liebe, Religion, Meditation oder Intuition. Alle Menschen brauchen einen gewissen Halt im Leben. Wie man Gleichgewicht erlangt, ist individuell verschieden. Es ist vor allem wichtig, die Lust am Leben zu erhalten oder zurückzugewinnen und Stress so gut es geht zu vermeiden. Dies sind Grundvoraussetzungen für Anti-Aging. Wie lautet so schön ein Sprichwort: In der Ruhe steckt die Kraft.

Wissen Sie eigentlich, was Sie essen?

In der heutigen Gesellschaft ist es schwer, das Richtige zu essen. Wir leben in einer Fast-Food-Gesellschaft, in der Schnelllebigkeit unseren Alltag bestimmt. Kein Wunder also, dass wir oftmals nicht auf unsere Ernährung achten und wahllos alles essen, was gerade zur Hand ist. Erst in den letzten Jahren setzte in manchen Bevölkerungsschichten ganz langsam ein Umdenken im Ernährungsbewusstsein ein.

Im Rahmen eines Forschungsprojektes zeigte sich, dass Frauen ihr Ernährungswissen besser einschätzen als Männer. Bei der persönlichen Beurteilung jedoch wird der tatsächliche Bedarf an Energiezufuhr durch die Nahrung meist unterschätzt. Dabei schneiden Vegetarier noch am besten ab. Durch gesundheitsorientierte Kost haben sie die besten Ergebnisse. Leute mit normaler, also gemischter Ernährungsform, haben am wenigsten Einblick. Die Ergebnisse zeigen, dass die meisten Österreicher in Wahrheit kaum Ahnung davon haben, was sie essen. Es ist sogar noch schlimmer. Ein etwaiges Ernährungswissen deckt sich in den meisten Fällen nicht mit einem ausgewogenen Ernährungsverhalten. Wenn man aber bereits keine Kenntnisse über richtige Formen der Ernährung hat, gibt es natürlich auch keine Verbesserung der Essgewohnheiten. Viele Befragte gaben auch an, dass sie anhand von Informationen durch Medien mehr verwirrt als aufgeklärt würden, da diese oft widersprüchliche Aussagen enthielten.

Wenn Sie sich ausgewogen ernähren, können dadurch viele Krankheiten abgewehrt werden, Sie erhalten Ihre jugendliche Frische und Vitalität bis ins hohe Alter und erreichen eine maximale Leistungsfähigkeit. Was will der Mensch mehr? Denn bedenken Sie: Durch falsche Ernährung erhöhen Sie insbesondere das Herzinfarkt-, Schlaganfall- und Krebsrisiko.

Das Simpson-Syndrom

Das Abendessen gib deinen Feinden.

asiatischer Spruch

Viele von Ihnen werden zumindest einmal ein Bild von Homer Simpson, dem Familienoberhaupt der amerikanischen Comic-Erfolgsserie „The Simpsons“, gesehen haben. Homer isst so viel, dass er nur noch mit einer Art Zelt seinen Bauch verbergen kann.

Wir nennen es das Simpson-Syndrom. Geradezu erschreckend ist die Anzahl der Dickleibigen in den letzten zehn Jahren in die Höhe geschnellt. Fast Food, Stress, Mangel an Zeit, um sich bewusst gesund zu ernähren, aber oft auch ganz einfach nur Bequemlichkeit fordern ihren Tribut. Durch die ungesunde Lebensweise sinkt die Chance, gesund zu bleiben und alt zu werden. Oft führt Übergewicht auch zu Folgeschäden wie beispielsweise Gelenksschäden, Diabetes, Herz-Kreislauf-Erkrankungen oder sogar Krebs.

Es ist wirklich schade, dass wir nicht versuchen, respektvoller mit unserem Körper umzugehen. Sicherlich ist es schwer, hat man einmal einige Pfunde zuviel, diese wieder loszuwerden. Meist ist es einfacher, noch mehr zu essen, irgendwann zu resignieren und den Spiegel zu zerschmettern, als sich langsam auf eine gesunde und ausgewogene Ernährung umzustellen.

Die Zeiten, in denen die Venus von Willendorf als Schönheitsideal galt, sind vorbei. Andererseits muss jedoch niemand beim Anblick von Supermodels, die sich in der Sonne räkeln und kein Gramm zuviel haben, neidisch werden oder Komplexe bekommen, wenn Dressmen mit perfektem Body über den Laufsteg stolzieren.
Hungerkuren lassen Sie bitte aus, denn diese sind ungesund und führen zudem zu einem Jojo-Effekt. Eine durchdachte Anti-Aging-Küche aber, wobei man besonders darauf achten sollte, Kohlehydrate zu meiden, gute Fette zu sich zu nehmen und Zucker am besten ganz wegzulassen, führt langfristig gesehen zum Erfolg und bringt zusätzlich beste Chancen jung und gesund zu bleiben.

„Bis fünfzig sollst du essen, ab fünfzig sollst du trinken."

ein provokanter Spruch aus dem Talmud

Intuitiv erkannte bereits der Renaissance-Aristokrat Luigi Cornaro (1466–1564), dass Ernährung und Gesundheit in engem Zusammenhang stehen. Im Alter von fünfzig Jahren begannen ihm Beschwerden jeglicher Art das Leben schwer zu machen. Schlagartig änderte er seine Ernährung und wechselte zu Fleischbrühe mit Ei, Vollkornbrot und Rotwein. Innerhalb kürzester Zeit fühlte er sich wie neu geboren. Luigi Cornaro war damit ein Anti-Aging-Pionier. Sein Lebenswandel sollte sich bezahlt machen, denn er lebte weitere 48 Jahre. Kurz bevor er im Alter von 98 Jahren starb, schrieb er eines der populärsten Kochbücher: „Diskurse über das gemäßigte Leben".
Interessant ist, dass auch der Hausarzt von Goethe bereits erkannte, dass es besser sei, in Maßen zu essen. Goethe, der kein Kostverächter war, befolgte in diesem Fall den Ratschlag seines Arztes. Ab seinem fünfzigsten Lebensjahr verzichtete er strikt darauf, abends zu essen.

History & News about Anti-Aging

Beobachtungen an einer großen Anzahl von Menschen machten erstmals auf Zusammenhänge aufmerksam, die offensichtlich zwischen Ernährungsgewohnheiten und bestimmten Krankheiten, beziehungsweise zwischen Lebensstil und Ernährungsgewohnheiten bestehen. Es zeigten sich gravierende kulturelle Unterschiede.

Vergleicht man dazu beispielsweise die Frühstücksgewohnheiten eines japanischen und eines amerikanischen Geschäftsmanns, so lassen sich diese Unterschiede leicht erkennen. Tatort: Frühstücksraum in einem Hotel. Der japanische Geschäftsmann braucht seine tägliche Ration an Früchten, dann vielleicht noch ein Stück Tofu und eine Misosuppe. Am Nebentisch: Der amerikanische Geschäftsmann macht sich gerade über seine zweite Portion Ham and Eggs her, dazu isst er ein paar kleine Würstchen. Aber irgendetwas hat er noch vergessen. Sein Magen fühlt sich ein wenig flau an. Genau! Die Pancakes, die mit gezuckertem Ahornsirup übergossen werden, dürfen nicht fehlen!

Die unterschiedlichen Geschmacksvorlieben haben starke Auswirkungen auf die Lebenserwartung dieser beiden Männer. Der japanische Geschäftsmann kann sich freuen. Er wird laut Statistik um 5,4 Jahre älter werden als sein Kollege. Vergleicht man die Statistiken der häufigsten Todesursachen, so zeigt sich, dass beispielsweise die Todesfälle infolge von Prostata- und Brustkrebs-Erkrankungen in Amerika an zweiter Stelle, hingegen in Japan erst an zwölfter Stelle rangieren.

Dass Japaner nur selten an Brustkrebs oder Prostatakrebs erkranken, wird den Isoflavonen zugeschrieben. Es handelt sich hierbei um Phytohormone, welche in Sojaprodukten, Rotklee und auch in der Misosuppe vorhanden sind. Doch auch der Verzehr von Fischen, beziehungsweise Fischölen, die zu den guten Fetten zählen (siehe Kapitel: „Fette"), führen zur höheren Lebenserwartung der Japaner. Allerdings sollten sich Japaner nicht überlegen, nach Amerika auszuwandern. Das Risiko, dass deren Kinder an Krebs erkranken, würde bereits im US-Durchschnitt liegen.

Auch in Europa konnte man Erstaunliches feststellen. So wurde erkannt, dass sich die Ungarn am ungesündesten ernähren. Paprikaspeck und Salami werden oftmals auf deren Frühstückstischen gesichtet. Sie haben die kürzeste Lebenserwartung der westlich industrialisierten Nationen. Eine andere Studie zeigt das hohe Magenkrebsrisiko sowohl bei Japanern als auch bei Tirolern. Was haben Japaner und Tiroler bei ihren Ernährungsgewohnheiten gemeinsam? Die Vorliebe für Geräuchertes. Durch das Räuchern bilden sich schädliche, krebserregende Substanzen (man nennt sie Nitrosamine). Deshalb ist das Magenkrebsrisiko bei Japanern und Tirolern ähnlich hoch.

Interessanterweise fand man auch heraus, dass die Lebenserwartung von Menschen, die in den Bergen wohnen, deutlich höher liegt als jener, die in Tälern und Ebenen leben. Gravierende Unterschiede zeigten sich vor allem bei Bergvölkern, die Ziegenmilchprodukte bevorzugen, im Vergleich zu denjenigen, die sich von Kuhmilch und deren Produkten ernähren. Was ist der Grund dafür? In der Ziegenmilch befinden sich sogenannte Ubichinone, Substanzen, die Radikalfänger sind (siehe Kapitel: „Freie Radikale"). Aber auch noch eine weitere Substanz fand man vor: Den sogenannten Tissue-Growth-Faktor. Man fand ihn am konzentriertesten in Eselsmilch. Diese Substanz ist ein wirkungsvoller Wundheiler, der Bindegewebszellen und Kollagen zur Heilung angeregt. Diesen leistungsstarken Anti-Aging-Substanzen werden unglaubliche Wirkungen zugeschrieben, die sich nicht nur in Ziegenmilch und Eselsmilch befinden, sondern auch in Stutenmilch.

Forscher fanden heraus, dass es ein Nomadenvölkchen im indischen Rajastan gibt, bei dem die Hautalterung rund zehn Jahre später einsetzt. Auch Schwangerschaftsstreifen gibt es bei diesem Volk nicht. Der Grund liegt auf der Hand: Ziegenmilch. Dieses Nomadenvolk ernährt sich fast ausschließlich von Ziegenmilch und deren Produkten. Das Geheimnis der Milch kannten schon Anti-Aging-Vorreiter vergangener Jahrhunderte. Zum Beispiel Kleopatra. Manchen ist vielleicht bekannt, dass sie sich nur in Eselsmilch badete, um ihre Haut geschmeidig zu halten.

Die österreichische Kaiserin Sissi nahm auf ihren zahlreichen Reisen immer zwei Malteserziegen mit, denn sie bestand darauf, jeden Tag einen halben Liter Ziegenmilch zu trinken.

Schon unsere Vorfahren meinten intuitiv:

„Man ist, was man isst.", und

„Der Mensch stirbt durch den Darm."

Zum Glück ist es heute nicht mehr ein Privileg der Reichen, sich bis ins hohe Alter gesund ernähren zu können ... All diese Beispiele zeigen den Zusammenhang zwischen Gesundheit und Ernährungsgewohnheiten. Wenn Sie dieses Buch gelesen haben, werden Sie verstehen, warum die Eskimos auf Grönland trotz fetter Nahrung kaum an Arterienverkalkung erkranken und warum asiatische und mediterrane Küche nicht nur gut schmeckt, sondern auch sehr gesund ist.

Das Beispiel von Okinawa

Besonders glücklich darf sich die südliche Inselregion Okinawa schätzen, denn hier gibt es vierzigmal mehr über hundertjährige Menschen als in anderen Teilen Japans. Okinawa (übersetzt heißt das „Tau im offenen Meer“) ist die südlichste Präfektur Japans und besteht aus 57 Inseln. Die durchschnittliche Lebenserwartung der Frauen beträgt über neunzig Jahre.

Aber was ist das Geheimrezept der Insulaner? Damit haben sich auch Forscher in der sogenannten Okinawa-Studie über 25 Jahre lang befasst. Die Langlebigkeit verdanken sie vor allem ihrer Lebensweise. Zunächst tragen entspannter Lebensstil, enger Familienzusammenhalt und mildes Klima zur Lebensverlängerung bei. Das Entscheidende ist aber, dass die Tradition der ausgewogenen Ernährung von Generation zu Generation weitergegeben wird. Denn die Insulaner ernähren sich vorwiegend von Fisch, verschiedenen Algenarten, Sojaprodukten und diversen Kräutern. Sie nehmen rund ein Drittel weniger Kalorien zu sich als ein durchschnittlicher Japaner.

Die geringe Zahl der Herzerkrankungen auf dieser Insel, aber auch gesamt gesehen innerhalb Japans, wird unter anderem auf den hohen Konsum von Fischen aus kalten Gewässern zurückgeführt. Das Fett der Tiere enthält sogenannte Omega-3-Fettsäuren. Sie helfen bei der Bildung von Substanzen, die gefäßerweiternd, blutgerinnungs- und entzündungshemmend wirken und so der Verstopfung der Arterien vorbeugen.

Okinawa in Asien ist das Gegengewicht zu Campodimele in Italien. Der älteste Mensch in Japan kommt übrigens aus der Südprovinz Kagoshima. Herr Kamato Hongo lebt seit 115 Jahren. Die älteste Frau der Welt stammt ebenfalls aus Japan und ist 113 Jahre jung.

Okinawa und Campodimele verdeutlichen, dass die mediterrane und die asiatische Küche Vorbilder für das erfolgreiche Altern sind!

4. Die Faktoren gesunder Ernährung

Fette – Von den Engels- & den Teufelsfetten

Kohlehydrate – Von den guten und schlechten Kraftgebern

Proteine – Alles rund ums Eiweiß

Sekundäre Pflanzeninhaltsstoffe – Resveratrol – Lycopene – Isoflavone ... in Hülle und Fülle

„Iss nur Fleisch von Tieren
ohne Beine oder mit zwei Beinen.“

Konfuzius (551–479 v. Chr.)

Fette

Von den Engels- & den Teufelsfetten

Konfuzius sagte: „Iss nur Fleisch von Tieren ohne Beine oder mit zwei Beinen." Konfuzius wollte mit diesem Leitsatz seinem Umfeld nahe legen, dass es sowohl gute als auch schlechte Fette gibt. Er besagt, dass das Fett von Vierbeinern für unseren Organismus eher ungünstig, hingegen das weiße Fleisch, also das von Geflügel oder Fisch, empfehlenswert ist. Daher widmen wir im folgenden Kapitel unsere Aufmerksamkeit den Engels- und Teufelsfetten.

Die meisten Menschen haben bereits Angst, wenn sie das Wort Fett nur hören. Sofort denken sie an ihren Bauch- oder Hüftspeck, an zu fettes Essen und Völlegefühl. Betrachten sie es medizinischer, denken viele an einen überhöhten Cholesterinspiegel oder daran, dass sich Fett an den Arterienwänden ablagert und Herz-Kreislauf-Erkrankungen hervorruft.
Fette in der Nahrung sind jedoch lebenswichtig. Ist Fett nun schlecht oder gut? Beides, denn so wie die Überschrift dieses Kapitels schon sagt, gibt es sowohl Engels- als auch Teufelsfette. Zum einen brauchen wir Fett für all unsere Stoffwechselvorgänge. Fett ist auch der Grundstoff unserer Hormone. Fette sind generell die besten Energielieferanten des Körpers und wesentliche Bausteine für die Entwicklung unseres Gehirns in den Jahren des Wachstums. Wer bei den Engelsfetten spart, kann schwerwiegende gesundheitliche Probleme bekommen. Möchte man mit dieser Methode abnehmen, wird man feststellen, dass dies auch nur mäßig bis gar nicht gelingt.

Engelsfette können in den Hormonhaushalt eingreifen und so den Alterungsprozess verzögern. Denn gute Fette können die Ausschüttung zerstörerischer Hormone drosseln und so die Produktion der Eicosanoide, der sehr wichtigen Gewebshormone, fördern.
Durch die richtige Ernährung kann man somit zwei negative Mechanismen besiegen, die unseren Körper schneller altern lassen. Durch Engelsfette wird ein Übermaß an Insulin im Blut vermieden. Darüber hinaus werden eine ganze Menge an chronischen Krankheiten verhindert, die ansonsten durch die schlechten Eicosanoide hervorgerufen werden würden. Die Ernährung mit Engelsfetten ist somit ein entscheidender Aspekt des Anti-Aging-Konzepts.

Lange Zeit dachte man, dass eine ausgewogene Ernährung darin besteht, viele Kohlehydrate und wenig Fett zu sich zu nehmen. Doch das ist ein fataler Irrtum. Einer amerikanischen Studie zur Folge hatten die Testpersonen, die sich mehr von Kohlehydraten als von Fetten ernährten, einen schlechteren LDL-Cholesterinwert (siehe Kapitel: „Cholesterin") als die Personen, die weniger Kohlehydrate zu sich nahmen und dafür mehr Fett aßen. Ganz zu schweigen vom erhöhten Insulinspiegel! Die Folge davon ist Übergewicht. In einer weiteren Studie konnte nachgewiesen werden, dass Diabetiker, die weniger Kohlehydrate, aber dafür mehr Fett zu sich nahmen, ihre Blutzucker- und Blutfettwerte wesentlich besser im Griff hatten.

Aber wo sind nun die Engels- und die Teufelsfette enthalten? Grundsätzlich lassen sich die Fette in zwei Kategorien einteilen: in solche mit gesättigten Fettsäuren, die man überwiegend in Fleisch und Wurst findet und in solche mit ungesättigten oder mehrfach ungesättigte Fettsäuren. Dazu gehören beispielsweise Olivenöl, Sonnenblumenöl, Kürbiskernöl sowie alle Fischfette.

Zu den Engelsfetten zählen unter anderem die Fisch- und Geflügelfette. Schon Konfuzius wusste um ihre Wirkung Bescheid. Denn Konfuzius sagte: „Iss nur Fleisch von Tieren ohne Beine oder mit zwei Beinen.", also Fische, Muscheln und Geflügel – das weiße Fleisch! Neuesten Studien zufolge sind sogar Gans- und Entenfleisch gesund, was bis vor kurzem noch strittig war.

Eskimos haben so gut wie keine Herz-Kreislauf-Erkrankungen, da sie sich fast ausschließlich von Fischen ernähren. Auch alle pflanzlichen Öle, wie Olivenöl oder Kürbiskernöl, gehören zu den Engelsfetten. Sie können bewirken, dass unser Cholesterinspiegel gesenkt wird, Thrombosen verhindert werden und es zu keinen Herz-Kreislauf-Erkrankungen kommt.

Anders sieht es mit Teufelsfetten aus, die in rotem Fleisch, Wurst, Butter, etc. enthalten sind. Sie tragen dazu bei, dass der Körper Fett ansetzt. Sie erhöhen den Cholesterinspiegel, beschleunigen den Alterungsprozess und tragen zu Herz-Kreislauferkrankungen bei.
Denken Sie an ein Auto! Es fährt dann wie geschmiert, wenn es gutes Öl hat. Bei schlechtem Öl wird es irgendwann die Fahrt verweigern. Das Gleiche geschieht mit Ihrem Körper. Schon beim Aufstehen vom Tisch werden Sie erkennen, ob Sie einen guten Fisch, z.B. einen herrlichen Branzino, zu sich genommen haben, wonach Sie sich rundum wohl und angenehm gestärkt fühlen, oder ob Sie etwas Schweres gegessen haben, wonach sich Ihre Beine wie Blei anfühlen und Sie sich schlapp und träge fühlen. Stellen Sie Ihre Ernährung beizeiten um, Ihr Körper wird es Ihnen danken. Denn wer will sich nicht lange jung und gesund fühlen und, vor allem, es auch sein?

Speiseöle

Ausschlaggebend für die Qualität von Speiseölen ist die Art der Herstellung. Am besten sind Öle aus mechanischer Pressung. Dabei werden Früchte sowie Kerne mechanisch zerkleinert und gepresst. Bei einem Pressvorgang können Temperaturen von 40 bis 170 Grad erreicht werden. Wenn geringere Ölgewinne in Kauf genommen werden, wird mit weniger als sechzig Grad gepresst. So bleiben alle Inhaltsstoffe erhalten. Zudem behält das Öl seine wertvollen ungesättigten Fettsäuren.

Deutlich billiger als solche hochwertigen Öle sind Raffinate. Diese werden durch chemische Extraktion mit Hilfe von Lösungsmitteln oder durch Wasserpressung gewonnen. Danach werden sie mit diversen chemischen Substanzen und Laugen gereinigt (raffiniert). Man erhält so Öle, die hoch erhitzbar, lange haltbar und sehr kostengünstig sind. Für unseren Organismus sind diese jedoch eher ungünstig, da ihnen wertvolle Inhaltsstoffe entzogen werden und sie sich mit ungesunden Fettsäuren anreichern. Daher sind naturbelassene Pflanzenöle mehr zu empfehlen.
Die Hitzeverträglichkeit der Öle ist sehr unterschiedlich. Öle mit einfach ungesättigten Fettsäuren (z.B. Oliven-, Raps- oder Haselnussöl) eignen sich zum mäßig heißen Braten, jedoch natürlich auch für Salate. Öle mit höherem Anteil an zweifach ungesättigten Fettsäuren (wie Distel-, Kürbiskern-, Walnuss-, Sesam- und Sonnenblumenöl) eignen sich ideal für Salate. Sie können auch zum schonenden Dünsten verwendet werden. Es gibt nur wenige Speiseöle, die überwiegend dreifach ungesättigte Fettsäuren beinhalten (etwa Leinöl). Diese sind sehr licht-, luft- und hitzeempfindlich. Daher sollten sie nur ganz gezielt zur Verfeinerung des Geschmackes eingesetzt werden. Umso höher der Anteil der mehrfach ungesättigten Fettsäuren ist, desto empfindlicher ist das Öl. Es kann schnell verderben und ranzig werden.

Öle, die einmal geöffnet wurden, sollten daher wieder gut verschlossen werden. Man sollte sie vor Licht und Hitze schützen. Nach erstmaliger Verwendung ist Leinöl nur vier Wochen haltbar. Sonnenblumenöl und Kürbiskernöl sind nach dem ersten Öffnen etwa drei Monate haltbar. Olivenöl hält bereits neun Monate lang.

Kohlehydrate

Von den guten und schlechten Kraftgebern

Das Wort Kohlehydrate hat jeder schon einmal gehört. Aber weiß man auch tatsächlich etwas mit diesem Begriff anzufangen? Die Hauptaufgabe der Kohlehydrate ist die kontinuierliche Versorgung aller Zellen des menschlichen Körpers mit Energie. Sie erzeugen im Magen Völlegefühl und machen den Körper über längere Zeit satt und leistungsstark. Doch Vorsicht! Wie alles im Leben haben auch Kohlehydrate zwei Seiten. Zum einen gibt es die Kohlehydrate, die Feinde unseres Körpers sind, nämlich jene, die in Stärke und Zucker enthalten sind. Essen wir z.B. Süßigkeiten (siehe Kapitel: „Zucker"), läuft unsere Bauchspeicheldrüse auf Hochtouren. Sie überflutet unseren Körper mit Insulin, um die Süß-Moleküle (Glukose) aus unserem Körper zu schwemmen. Aber wohin mit den Zuckerbausteinen mitsamt verfügbarem Fett? Genau, ab ins Depot! Die Folge davon kennt man. Es setzt sich mit der Zeit Fett am Körper an, dort, wo man es überhaupt nicht brauchen kann.
Aber es gibt auch eine zweite Seite. Man kann nämlich auf Kohlehydrate nicht verzichten, da man sie als Treibstoff für Muskeln und Gehirn braucht. Es gibt unter den kohlehydrathaltigen Lebensmitteln solche, die Zucker und Stärke sozusagen in Reinform zuführen und blitzschnell den Insulinspiegel in die Höhe treiben, z.B. Traubenzucker. Bei Nüssen oder Vollkornprodukten braucht die Aufspaltung der guten Kohlehydrate länger, da der Körper schon ein Viertel der gelieferten Energie bei der Verarbeitung verbraucht. Die Ballaststoffe bringen dabei die Verdauung auf Vordermann und der Fetttransport wird erschwert, da die Insulinausschüttung langsamer abläuft.
Die „richtigen" Kohlehydrate von den „falschen" zu unterscheiden, wird in Zukunft für Sie ganz leicht sein – dank der Tabelle mit dem glykämischen Index. Der sogenannte GLYX ist eine Zahl, die vereinfacht ausgedrückt für Zucker- und Stärkeanteil steht. Ein niedriger GLYX-Faktor bedeutet, dass sich relativ wenige schnell verdauliche Kohlehydrate in der Nahrung befinden. Ein hoher Wert sagt aus: Achtung! Zucker und Stärke aus diesen Lebensmitteln verursachen einen Expresstransport zu den Fettdepots. Traubenzucker hat beispielsweise einen GLYX-Wert von 100. Aber warum ist man nicht schon viel früher darauf gekommen? Ganz einfach, da sich Ernährungsforscher auf das scheinbar Simpelste gestürzt haben: auf das Fett! Darum haben auch fast alle Diäten einen sogenannten Jojo-Effekt. Diesen liegt folgende Devise zugrunde: Iss nur Mageres, dann kannst du auch nicht zunehmen. Das stimmt natürlich nur bedingt. Leider macht sich nach einiger Zeit ein unbändiges Hungergefühl breit, man versucht dieses begierig zu stillen, die Diät wird verworfen und das Spiel beginnt von vorne. Wenn man sich jedoch von vornherein an einige wichtige Grundregeln hält, bleibt nicht nur die Figur in Topform, sondern auch der Geist. Nur in einem gesunden Körper ruht ein gesunder Geist.

Diese Tabelle zeigt den glykämischen Index, sagt also aus, wie stark ein Lebensmittel mit seinen Kohlehydraten den Blutzucker und damit die Insulinausschüttung erhöht. Beachten sollten Sie dabei, dass Sie Ihr Essen nach möglichst niedrigem GLYX-Wert (bis 50) zusammenstellen. Bei Lebensmitteln mit mittleren Werten (51 bis 70) sollten Sie sparsam sein und Lebensmittel mit hohem Wert (über 70) sollten Sie lieber vermeiden, denn diese sind sogenannte Altmacher, beziehungsweise auch Dickmacher. In dieser Liste haben wir die wichtigsten Lebensmittel mit niedrigem GLYX-Wert zusammengestellt.

GLYX - Wert -Tabelle

Grapefruits	25
Trauben	46
Orangen	44
Birnen	37
Äpfel	38
Pfirsiche	42

Zwiebeln, Knoblauch	10
Tomaten, Zucchini	15
Sojabohnen	18
Grüne Bohnen	31
Erbsen	48
Karotten	49

Zucker – Killing me softly, killing me sweetly

Fühlen Sie sich oft schlapp und müde? Machen Sie grundsätzlich einen weiten Bogen um Konditoreien? Dann haben Sie wohl seit Jahren zuviel vom süßen Gift genascht? Welches süße Gift? Zucker! Vor allem aber der raffinierte, weiße, denn dieser ist viel schädlicher, als man bisher angenommen hat. Rund 32 Kilogramm werden jährlich pro Person konsumiert.

Die Nahrung besteht aus natürlichen und künstlichen Kohlehydraten. Zu Letzteren gehört natürlich auch der weiße Zucker. Er fördert die schlechten Eicosanoide. Die Folgen sind fatal: rapides Altern, Altersflecken, Altersdiabetes, Karies und Zahnfleischentzündungen, die in weiterer Folge mögliche Auslöser für einen Herzinfarkt sein können. Im Fall einer Blutzuckerkonzentration treten im Körper sofort Regulierungsmechanismen in Kraft. Die wichtigste Maßnahme dabei ist die Ausschüttung des Bauchspeicheldrüsenhormons Insulin. Dieses muss rasch den Zucker aus der Blutbahn schaffen und in die Fettzellen bringen, damit der Weg wieder frei ist. Das dauert einige Stunden. Die Bauchspeicheldrüse ist überfordert und schüttet noch mehr Insulin aus. Immer mehr Insulin bringt immer mehr Blutzucker in die Zellen. Die Blutbahn hat somit eine Übermenge an Insulin, aber viel zu wenig Zucker. Der Körper, der folglich ein Tief hat, meldet Bedarf an Blutzucker. Man bekommt folglich unheimlichen Appetit auf süße Leckereien. Schüttet der Körper häufig zuviel Insulin aus, können Zellen gegen das Hormon resistent werden. Ein zu hoher Blutzuckerspiegel lässt einen damit ganz schön alt aussehen! Soll das heißen, dass man, wenn man sich in Zukunft gesund ernähren möchte und alle Anti-Aging-Tipps beachtet, auch noch auf das Einzige verzichten muss, wofür es sich zu leben lohnt? Keine Schokolade mehr, nicht mehr Omas selbstgebackene Kuchen, keine Osterhasen, Nikoläuse und Streuselkuchen? Aus der Traum, nie wieder nachts zum Kühlschrank schleichen und sich einen köstlichen Schokoriegel gönnen?

Die Zuckerkrankheit ist Altern im Zeitraffer.

Zunächst sollten Sie Ihren Zuckerkonsum drastisch reduzieren. Das kann bereits beim Frühstückskaffee anfangen, indem Sie den Zucker weglassen oder sich zumindest mit einem Stück begnügen. Am Anfang werden Sie sicher damit zu kämpfen haben, nach kurzer Zeit hat sich der Körper aber daran gewöhnt.
Eine höchst gesunde Alternative zu Zucker ist die Pflanze Stevia. Diese schmeckt wie Zucker und ist auch noch gesund. Der Haken an der Sache ist, dass es momentan diese Pflanze nur in Nicht-EU-Ländern zu kaufen gibt, z.B. in der Schweiz. Schon die Indianer Südamerikas wussten über die Wirkkraft dieser Pflanze Bescheid. Übrigens süßen die Japaner den Großteil ihrer Produkte mit Stevia. Der Grund dafür ist, dass sie zuwenig Land für den Zuckeranbau haben. Bis Stevia also auch hier erhältlich ist, machen Sie einen ersten Schritt in Richtung Anti-Aging und reduzieren Sie Ihren Zuckerkonsum.

Sojamilch	31
Tomatensaft	40
Frisch gepresste Säfte ohne Zucker	40
Apfelsaft	41
Karottensaft	45
Grapefruitsaft	48

Gerste	25
Roggen	34
Vollkornbrot	40
Körnerbrot	48
Pumpernickel	50
Bulgur	48

Proteine

Alles rund ums Eiweiß

Eiweiß nennt man auch Protein. Dieser Name kommt aus dem Griechischen und bedeutet soviel wie „den ersten Platz einnehmen". Die Übersetzung sagt bereits einiges über die Bedeutung der Proteine aus. Alles Lebendige setzt sich aus diesen zusammen. Die Bausteine der Proteine wiederum sind Aminosäuren. Insgesamt gibt es zwanzig unterschiedliche Aminosäuren, die in diversen Kombinationen die Proteine bilden. Die Aminosäuren sind die Bausteine, aus denen sich Muskeln, Sehnen, Organe, Drüsen, Haare, Nägel und sogar Körperflüssigkeiten zusammensetzen. Bedeutend sind sie auch für das Knochenwachstum, für die Bildung von Enzymen und Hormonen sowie für die Steuerung des Wasserhaushalts und des pH-Werts im menschlichen Körper. Gäbe es die Aminosäuren nicht, könnte keine Nahrung zwischen den Körperflüssigkeiten und Geweben ausgetauscht werden. Dass Aminosäuren in der Lage sind, sogar Enzyme zu bilden, ist von unschätzbarem Wert. Enzyme bestehen aus langen Ketten von Aminosäuren und übernehmen wichtige Funktionen. So bewirken Enzyme z.B. Verdauungsprozesse im menschlichen Körper. Organische Substanzen können im Körper durch die Enzymtätigkeit aufgebrochen, verändert und wieder als Zwischen- oder Endprodukt zusammengesetzt werden. Normalerweise braucht man dafür extrem hohe Temperaturen. Aber Enzyme sind clever. Sie halten die Energie der Reaktion gering, wodurch es ihnen gelingt, die chemischen Reaktionen bei normaler Körpertemperatur ablaufen zu lassen.

Die genetische Information der DNA wäre für alle Zellen unverständlich, würde diese nicht übersetzt werden. Die DNA bestimmt, in welcher Reihenfolge die Aminosäuren in die Proteine eingebaut werden. Die Anordnung ist entscheidend für die jeweilige Funktion der einzelnen Proteine. Eiweiße arbeiten somit Hand in Hand mit der menschlichen Erbsubstanz.

Die meisten der zwanzig Aminosäuren kann der Körper selbst produzieren, ein paar wenige muss sich unser Organismus über die Nahrung zuführen. Gleichgültig ob vom Körper selbst produziert oder aus der Nahrung gewonnen, alle zwanzig Aminosäuren haben den gleichen Stellenwert.

Wie aber bekommt man Aminosäuren durch die Nahrung? Da der Organismus des Tieres dem Menschen ähnelt, befinden sich mehr Proteine in tierischer als in pflanzlicher Nahrung. Dazu zählen Fleisch, Fisch, Geflügel, Käse, Eier und Milch. Doch achten Sie darauf, dass Sie nach Möglichkeit statt rotem Fleisch (siehe Kapitel: „Fette") nur Fisch oder Geflügel essen. Auf diese Weise nehmen Sie alle Aminosäuren zu sich, ohne die schlechten Fette essen zu müssen. Pflanzliche Nahrung beinhaltet ebenfalls alle notwendigen Inhaltsstoffe, aber für unseren Körper nicht im richtigen Verhältnis. Zu den besonders eiweißreichen pflanzlichen Lebensmitteln zählen Nüsse, Bohnen, Hülsenfrüchte, Mais, Weizen und brauner Reis. Doch auch bei den Pflanzen bestätigen Ausnahmen die Regel. Soja und Sojaprodukte wie Tofu oder Sojamilch enthalten die ganze Palette an benötigten Aminosäuren. Vegetariern, die weder Milch noch Käse oder Eier zu sich nehmen, ist daher zu empfehlen, Aminosäuren aus Soja und dessen Produkten zu entnehmen. Wer allerdings das andere Extrem vorzieht und sich ausschließlich von Fleisch ernährt, wird auch Probleme bekommen. Erkrankungen der Nieren und Gicht sind oft die Folge.
Daher ist es ratsam, sich ausgewogen zu ernähren. So hat man weder Mangelerscheinungen noch einen Überschuss an Aminosäuren.

Cholesterin – ein Risikofaktor?

Der Ausdruck Cholesterinspiegel ist in aller Munde. Manche Menschen haben diesbezüglich geradezu einen Wahn entwickelt. Aber wissen wir überhaupt, was das Cholesterin kann und ausmacht, oder plappern wir einfach das nach, was uns in den Medien gesagt wird?

Im Gegensatz zur weit verbreiteten Meinung ist Cholesterin kein Widersacher unseres Körpers, sondern lebenswichtig. Es ist notwendig für das Funktionieren unserer Zellen, denn es unterstützt den Transport und die Durchlässigkeit der Zellmembrane und ist eine Substanz, die in der Leber in Gallensalze und in der Haut in Vitamin D umgewandelt wird. Ist der Cholesterinspiegel zu hoch, kann es allerdings zu Ablagerungen kommen. Dadurch werden die Arterienwände porös, die Gefäßöffnungen verengen sich und der Blutstrom wird langsamer. Diverse Erkrankungen sind die Folge, so z.B. Schlaganfälle, arterielle Verschlusskrankheiten bis hin zu Herzinfarkten.

Das Cholesterin im Blut wird zum einen in der Leber produziert und zum anderen durch die Nahrung zugeführt. Je weniger Cholesterin wir unserem Körper durch die Nahrung zuführen, desto größer ist die Gefahr, dass sich Cholesterinsteine in der Galle bilden. Cholesterin wird im Blut befördert, es trampt sozusagen. Die Lipoproteine sind die Fahrer. Man unterscheidet bei den Lipoproteinen zwei Gruppen. Das LDL, das sind jene mit geringer Dichte, die das Cholesterin verteilen, bis sie Opfer von Fettdepots werden. Man spricht von schlechtem Cholesterin. Die guten Lipoproteine dagegen, HDL genannt, haben eine hohe Dichte. Sie transportieren das gute Cholesterin und räumen den Müll des LDL weg, da sie die Arterien von Fett säubern.

Die gesättigten Fette (die im Kapitel „Fette“ beschrieben sind) erhöhen den Cholesterinspiegel. Diese schlechten Fette sind vor allem in Wurst, rotem Fleisch und Butter enthalten. Die einfach ungesättigten Fettsäuren hingegen senken den LDL-Wert und erhöhen den HDL-Wert. Insbesondere Olivenöl ist in der Lage, wahre Wunder zu bewirken. Die mehrfach ungesättigten Fettsäuren, die vor allem im Fischfett vorkommen, senken ebenfalls den schlechten LDL-Wert, darum haben beispielsweise Eskimos keine Probleme mit zu hohem Cholesterinspiegel. Der Verzehr von Lachs, Thunfisch, Makrele, Sardine, etc. ist sehr ratsam. Die mehrfach ungesättigten Fettsäuren, die ihren Ursprung in Pflanzen wie Mais, Raps und Sonnenblumen haben, mindern den LDL-Wert und steigern den HDL-Wert.

Sekundäre Pflanzeninhaltsstoffe

Resveratrol – Lycopene – Isoflavone ... in Hülle und Fülle

Jede einzelne Pflanze ist für sich ein abgeschlossenes Kunstwerk – faszinierend und geheimnisvoll.
In der Wissenschaft unterteilt man die Inhaltsstoffe der Pflanzen in primäre und sekundäre Wirkstoffe. Jede Pflanze besteht zunächst zu 95 Prozent aus primären Pflanzeninhaltsstoffen, das sind Ballaststoffe, die für eine gesunde Ernährung bedeutsam sind. Wir richten unser Augenmerk an dieser Stelle aber auf die verbleibenden fünf Prozent, die sekundären Pflanzeninhaltsstoffe, die wiederum eine Vielzahl von Eigenschaften vereinen. Bedenkt man, dass es Pflanzen schon länger gibt als Menschen, so wirkt es einleuchtend, dass sie ein ausgeklügeltes Überlebenssystem entwickelt haben müssen. Dass dieses funktioniert, kann man unter anderem auf die sekundären Inhaltsstoffe zurückführen.

Viele Pflanzen sind täglich praller Sonne oder aber großer Kälte ausgeliefert. Um ihre Spezies zu erhalten, müssen sie zum einen extremen Umweltbedingungen standhalten, zum anderen auch dafür Sorge tragen, nicht dem Schimmel oder den Tieren als Fraß zum Opfer zu fallen. Auch hier haben sich viele Pflanzen einen guten Abwehrmechanismus zugelegt. Kurz gesagt: Eine Pflanze ist schwer damit beschäftigt, nicht ausgerottet zu werden.

Was für Pflanzen heilsam ist, kann für Menschen nicht falsch sein. So sind Wissenschaftler dabei herauszufinden, was sich in den sekundären Pflanzeninhaltsstoffen noch Aufregendes verbirgt, das für den Menschen nützlich sein könnte. Zwei sehr wichtige Beispiele sind Lycopen und Resveratrol. Pflanzen haben ein System entwickelt, um auch bei extremer Hitze und UV-Bestrahlung überleben zu können. Was den Pflanzen als Sonnenschutz dient, wird bei Menschen als wirksames Mittel gegen Krebs verwendet – die sogenannten Lycopene. Auch Resveratrol, womit sich Pflanzen gegen Schimmelbefall schützen (ein hoher Anteil ist etwa in roten Weintrauben zu finden), dient erfolgreich zur Krebsvorbeugung. Wir dürfen gespannt sein, worauf Wissenschaftler bei der Untersuchung der Pflanzen und deren Wirkstoffen noch stoßen werden. Fest steht nur eines: Bei solch einer Komplexität können wir noch Wunder erwarten.

Freie Radikale lassen uns ganz schön alt aussehen

Ende des zwanzigsten Jahrhunderts begann eine neue Ära in der Pflanzenforschung, insbesondere in Bezug auf die Vitaminforschung. Mediziner entdeckten die immense Wichtigkeit der Pflanzeninhaltsstoffe bei der Verzögerung des Alterungsprozesses, als Mittel gegen Krebs sowie als Schutz vor Schlaganfällen und Herzinfarkten.
Selbst gegen den geistigen Abbau bei Alzheimer-Patienten können Pflanzeninhaltsstoffe ihre Wirkung zeigen, wie in einer Studie mit über dreihundert Alzheimer-Patienten festgestellt wurde. Galt früher noch ein Apfel am Tag als ausreichend, so empfiehlt heute das amerikanische National Cancer Institute fünf Portionen Obst und Gemüse pro Tag. Auch die Deutsche Gesellschaft für Ernährung (DGE) setzt sich für eine höhere Vitaminaufnahme in der Bevölkerung ein.
Entscheidend ist vor allem, dass die Natur mehrere Wirkstoffe mit positiven Eigenschaften in eine Pflanze verpackt, sodass unser Körper mit dem richtigen Obst und Gemüse mehrfach vor Krankheiten geschützt ist.
Vitamine fungieren als freie Radikalfänger in unserem Körper.

Freie Radikale sind Zellzerstörer. Dennoch braucht der Körper einen gewissen Anteil an Radikalen, um funktionieren zu können. Auch unser Immunsystem ist eine Radikalquelle. Dort kämpfen sie gemeinsam mit den weißen

Blutkörperchen gegen Angreifer und schützen unseren Körper somit vor Krankheiten. Freie Radikale können aber auch durch Rauchen, Umweltverschmutzung sowie körperliche und psychische Überanstrengung entstehen. Doch wie kommt es dazu, dass die Radikale unserem Körper schaden anstatt ihn zu unterstützen? Leider bleiben immer etwa sechs Prozent sogenannter Superoxidradikale in unserem Körper übrig. Diese zuvor nützlichen Moleküle sind nutzlos geworden und fangen an zu meutern. Das heißt, sie flitzen in der Gegend herum, um in der Nachbarschaft ein Elektron zu stehlen oder abzugeben und infolge dessen selbst wieder intakt zu sein. Stoßen die Radikale auf Fette, Eiweiße oder DNA, werden diese auch von den freien Radikalen attackiert. Die Folge ist, dass sie ihr Gleichgewicht verlieren. Jedoch wüten die Radikale weiter. Die angegriffenen Nachbarn werden nun selbst zu freien Radikalen, sodass eine Kettenreaktion entsteht.
Es ist jedoch nicht hoffnungslos. Denn täglich wehren die Radikalfänger Tausende freie Radikale ab.
Die Folgen der Angriffe von freien Radikalen sind dennoch fatal. Das Krebsrisiko steigt, das Gewebe verliert an Elastizität, die Haut altert rapide, die Arterien verkalken und das Risiko an Gicht oder Rheuma zu erkranken steigt. Selbst Gefühllosigkeit kann auftreten, wenn Nervenzellen zerstört werden. Auch die Augen werden angegriffen. Heute weiß die Wissenschaft, dass bei fast allen Krankheiten die freien Radikale eine entscheidende Rolle spielen. Einen Vorgeschmack auf das ewige Leben genoss einmal ein Wurm. In einer Versuchsreihe eines Instituts in Kalifornien fütterte man das Würmchen mit einer Art Super-Vitamin C als Radikalfänger. Und siehe da: Es lebte doppelt so lange wie die anderen.
Ganz allgemein versteht man unter Radikalfängern Vitamine, Hormone und bestimmte Enzyme, die allesamt die Fähigkeit haben, die Aktivität der freien Radikale zu vermindern oder zu stoppen. Die Radikalfänger spüren das Radikal auf, das in der Blutbahn herumflitzt, identifizieren es und versuchen es zu neutralisieren, bevor es in den Zellen Schaden anrichten kann.

Hormone – Die Pflanzenhormonstory

Hormone sind winzig. Dies sagt jedoch nichts über ihre innere Größe aus. Denn Hormone haben wichtige Aufgaben. Mitunter sind sie ausschlaggebend für das psychische Wohlbefinden. Sie bewirken, dass man sich himmelhoch jauchzend oder zu Tode betrübt fühlt. Ist man leicht gereizt, so ist vermutlich der Hormonhaushalt in Unordnung geraten.

Das Alter ist hierbei erbarmungslos. Hormonelle Mangelerscheinungen treten mit fortschreitenden Jahren zunehmend zutage. Die Folgen davon sind Niedergeschlagenheit, Kraft- und Lustlosigkeit und vermindertes sexuelles Verlangen. Dies gilt wohlgemerkt für Männer ebenso wie für Frauen. Nach neuesten Erkenntnissen sinkt der Hormonspiegel bei Männern ab dem 35. Lebensjahr kontinuierlich. Abgesehen von Haarausfall und Bierbauch kann sich das auch in abnehmender Libido und Potenz zeigen. Schuld sind die Hormone. Doch wer die Zusammenhänge kennt, kann dem Leben ein Schnippchen schlagen und durch die richtige Ernährung, die viele Hormone in sich birgt, fit und glücklich bleiben.

Zunächst muss man wissen, was ein Hormon ist und bewirkt. Man kann es sich als Botenstoff in Form eines Moleküls vorstellen, das zu einer Zelle kommt. Dort passt es in einen Rezeptor und gibt der Zelle Instruktionen. Das ist ähnlich wie bei einem Schlüssel, der ins Schloss passt.

Bei der Entstehung der Welt war alles noch einfach, denn da gab es nur einzellige Organismen. Die Kommunikation von einem Ende der Zelle zum anderen funktionierte perfekt. Doch schon beim Zweizeller stellten sich die ersten Probleme ein. Die Datenübertragung wurde schwieriger, da komplexe Zellsysteme eine gesicherte Schaltzentrale brauchen, sodass Informationen sowohl zum richtigen Zeitpunkt als auch an der richtigen Stelle ankommen. Daher entwickelten sich zuallererst die Nerven. Nervenfasern können die Kommunikation des Organismus gewährleisten. Ein weiteres Produkt der Evolution sind die Hormone. Im menschlichen Körper gibt es davon 25. Die Hormone finden die Zellen durch Rezeptoren. Diese Rezeptoren lassen nur das für die jeweilige Zelle vorgesehene Hormon passieren. Ist es ein falsches, das an die Türe pocht, wird es nicht hereingelassen.

Vitamine

Vitamine sind lebensnotwendige Bestandteile unserer Nahrung und für unser gesamtes Immunsystem unersetzlich.

Provitamin A/Vitamin A Vitamin A kommt in zwei Formen vor. Erstens als Provitamin A; dieses wird auch Karotin genannt und kommt ausschließlich in Pflanzen vor. Zweitens als Vitamin A, welches nur in tierischen Nahrungsmitteln zu finden ist. Sowohl Provitamin A als auch Vitamin A erhöhen unsere Vitalität, fördern das Wachstum, verhindern die Zellzerstörung, erhöhen die Zahl der Blutkapillaren und fördern die Durchblutung.
Provitamin A ist z.B. in Karotten, Papaya und Petersilie enthalten.

Die B-Vitamine

B1 (Thiamin) Dieses Vitamin ist zuständig für den Eiweiß-, Protein- und Aminosäure-Stoffwechsel. Es ist ein Ferment des Kohlehydrat- und Fettstoffwechsels. Vitamin B1 hat Einfluss auf das Nervensystem. Es schützt vor frühzeitigen Alterserscheinungen. Es hat auch eine synergetische Beziehung zu den Hormonen.
Vitamin B1 ist z.B. in Weizenkeimen, Sonnenblumen, Vollkornbrot und Bierhefe enthalten.

B2 (Riboflavin, Laktoflavin) Vitamin B2 hilft beim Stoffwechsel aller Nährstoffe. Es hat auch Anteil an der Bildung von Blutfarbstoff (Hämoglobin). Es ist entscheidend bei der Bildung von Haaren, Haut und Nägeln.
Vitamin B2 ist z.B. in Avocados, Mandeln und Huhn enthalten.

B3 (Niacin, Niacinamid) Vitamin B3 ist ein Bestandteil des Verdauungstraktes. Außerdem bewirkt es den Aufbau des Blutfarbstoffes.
Vitamin B3 ist z.B. in Vollkorn, Sardinen und Truthahn enthalten.

B5 (Panthenol, Panthotensäure) Vitamin B5 erhält die Gewebefunktion des Organismus aufrecht. Zusätzlich stimuliert es die Drüsenfunktion. Es schützt vor frühzeitigem Altern. Es ist maßgeblich beteiligt am Aufbau und der Erhaltung des zentralen Nervensystems. Da dieses Vitamin Einfluss auf

die Aminosäuren hat, ist es bedeutend bei der Bildung von Hornstoff (Keratin), Haut und Nägeln. Zusätzlich wirkt es entzündungshemmend.
Vitamin B5 ist z.B. in Gelee Royal, Weizenkeimen und Eigelb enthalten.

B6 (Pyridoxal, Pyridoxamin) Dieses Vitamin wirkt als wichtiger Faktor diverser Stoffwechselvorgänge, so auch des Eiweißstoffwechsels. Vitamin B6 hilft gegen prämenstruelle Beschwerden und ist in hohem Maße für die DNA-Abläufe zuständig. Dieses Vitamin wird auch bei der Herstellung von Hydrochloridsäure benötigt, die für die Verdauung erforderlich ist.
Vitamin B6 ist z.B. in Bananen, Geflügel und Eigelb enthalten.

B12 Vitamin B12 wird für die Bildung der roten Blutzellen benötigt. Eine weitere Funktion ist die Bildung von Zellgewebe. Vitamin B12 wird zum Aufbau des Zellkerns gebraucht. Das Wachsen der Haare, der Haut und der Schleimhaut ist abhängig von diesem Vitamin.
Vitamin B12 ist z.B. in Austern und Fisch enthalten.

Vitamin C Dieses Vitamin ist der Champion unter den Anti-Aging-Vitaminen. Vitamin C ist wasserlöslich und kann vom Körper gut verwertet werden. Es hat eine antioxidative Wirkung. Das bedeutet, dass Vitamin C die freien Radikale im Körper aufspürt und somit ein wirksames Mittel gegen Krebs ist. Vitamin C stärkt die Immunabwehr. Es ist auch für die Funktionsfähigkeit der Schilddrüse verantwortlich. Vitamin C ist notwendig für die Gesundheit der Zähne, des Zahnfleisches und der Knochen. Es stärkt zudem das Bindegewebe. Durch Vitamin C wird der Sauerstoffgehalt des Blutes erhöht, was entscheidend für die Festigkeit des Bindegewebes ist.
Vitamin C ist z.B. in Hagebutten, Tomaten, Paprika, grünem Blattgemüse, Zitrusfrüchten und Kartoffeln enthalten.

Vitamin E (Tocopherol, Alphatocopherol) Vitamin E ist fettlöslich und ein starkes Antioxidans. Durch die Verhinderung der Oxidation wird das Altern der Zellen verzögert. Somit hat es einen grundlegenden Einfluss auf das Aussehen, aber auch auf den Gesundheitszustand. Es schützt vor Falten, Altersflecken und Arterienverkalkung. Es beeinflusst Bindegewebe und Muskulatur. Auch das Herzinfarktrisiko wird durch dieses Vitamin geringer. Vitamin E wirkt auch gegen Krebserkrankungen. Das Erbmaterial der Zellen wird geschützt gegen die freien Radikale.
Vitamin E ist z.B. in Fenchel, Spinat und Aal enthalten.

Mineralstoffe

Kalzium Dieser Mineralstoff ist essenziell für alle Funktionen des Körpers, so z.B. für den Knochenbau, die Zahnbildung und das Wachstum. Auch die Muskeltätigkeit des Herzens ist vom Kalzium abhängig. Kalzium hilft dabei, das Gleichgewicht von Natrium, Kalium und Magnesium wieder herzustellen.
Kalzium ist z.B. in Löwenzahn, Mandeln und Hirse enthalten.

Kupfer Kupfer wird vom Körper unter anderem für die Entwicklung des Bindegewebes, der Knochen, des Gehirns und der Nerven benötigt. Es ist aber auch in unserer Haarfarbe enthalten. Bei der Wundheilung spielt Kupfer ebenso eine tragende Rolle.
Kupfer ist z.B. in Geflügel und Nüssen enthalten.

Zink Zink stärkt die Nerven und ist als Gehirnnahrung unerlässlich. Dieses Mineral wird auch für die Metabolisierung von Kohlehydraten, Fetten und Eiweiß benötigt. Zink ist notwendig zur Herstellung von Enzymen. Auch bei der Zellatmung und beim Wachstum wird es benötigt. Der Geruchssinn ist von diesem Mineral abhängig. Entscheidend ist Zink für gesunden Knochenaufbau. Ferner ist es ein wichtiger Bestandteil der Synthese verschiedener Stereoidhormone.
Zink ist z.B. in Austern, Eiern und Zwiebeln enthalten.

Selen Dieser Mineralstoff ist ein Antioxidans. Die Enzyme des Körpers, die von den freien Radikalen neutralisiert werden, könnten ohne Selen nicht arbeiten. Selen zieht in den Kampf gegen Blei und Kadmium, die sogenannten toxischen Schwermetalle, indem es diese bindet und sie daraufhin ausgeschieden werden. Selen hat zusätzlich eine entgiftende Wirkung.
Selen ist z.B. in Soja, Knoblauch, Thunfisch, Austern und Rotbarsch enthalten.

Phosphor Phosphor arbeitet eng mit Kalzium zusammen. Phosphor ist wichtig für die Nerven, als Gehirnnahrung und hat positiven Einfluss auf die Sexualität.
Phosphor ist z.B. in Austern, Eigelb und Vollkorn enthalten.

Magnesium Magnesium schützt die Mitochondrien, die für die Zellen Energie herstellen, vor dem Angriff der freien Radikale. Besonders das Herz braucht eine Menge Energie, daher sind in diesem Bereich die Mitochondrien besonders wichtig. Magnesium schützt vor Altern, Osteoporose und Verklumpung des Blutes. Fühlt man sich chronisch erschöpft, liegt es oft an Magnesiummangel.
Magnesium ist z.B. in Spinat und Hülsenfrüchten enthalten.

Zehn Tipps für gesunde Ernährung

1. *Essen Sie langsam.*
2. *Vermeiden Sie Speisen mit Teufelsfetten.*
3. *Essen Sie so oft wie möglich Obst und Gemüse.*
4. *Bereiten Sie Speisen schonend zu, damit die Vitamine erhalten bleiben.*
5. *Reduzieren Sie Ihren Fleischkonsum.*
6. *Essen Sie regelmäßig Fisch oder Geflügel.*
7. *Salzen Sie Ihre Speisen nur wenig.*
8. *Trinken Sie täglich mindestens 1 ½ Liter.*
9. *Wählen Sie, wenn Sie Alkohol trinken wollen, nach Möglichkeit Rotwein.*
10. *Reduzieren Sie Ihren Zuckerkonsum.*

Das Beispiel von Coco Chanel

Coq au vin rouge war das Lieblingsrezept von Coco Chanel, die nicht nur in der Mode ihrer Zeit voraus war, sondern auch bereits auf Anti-Aging Wert legte. Coco Chanel, die eigentlich Gabrielle Chasnel hieß, schätzte die gute Küche, was nicht weiter verwunderlich ist, da sie Französin war. Coco Chanel war eine vielbeschäftigte Frau. Viel Freizeit blieb ihr als angesehene Modeschöpferin nicht. Ihre karge Freizeit widmete Sie jedoch gerne ihrer großen Leidenschaft, den französischen Delikatessen. Coq au vin rouge zählte zu ihren allerliebsten Gerichten. Diese Speise entspricht dem Anti-Aging-Konzept. Mehr dazu im Rezeptteil (siehe Seite 134)!

5. Wichtige Pflanzen für die Anti-Aging-Küche Von Ananas bis Zwiebel

Ananas In den Mythen Hawaiis wird eine wundersame Geschichte erzählt, die sich rund um die Ananas rankt. Zwei Sterne hatten sich unsterblich ineinander verliebt. Sie waren jedoch weit voneinander entfernt. Also fragten sie Gott um Rat. Dieser wollte ihnen helfen und schickte sie auf die Erde. Wenn sie sich auf der Erde genauso liebten wie im All, dann dürften sie auch am Himmel zusammen erstrahlen. Gott gab den beiden die Ananas zum Geschenk, um ihre Liebe zu bestärken. Die leicht raue Schale sollte Feinde in die Flucht schlagen und das süße Fruchtfleisch sollte ihre Liebe stets neu beflügeln. So könnte es also sein, dass in Wahrheit jeder von uns einer dieser liebesdurstigen Sterne ist. Die Ananas steht jedenfalls für Liebe und Erfüllung.
Die Hauptanbaugebiete der Ananas sind Hawaii, Brasilien, Mittelamerika und Taiwan. Anbau, Verarbeitung und Marketing der Ananas sichern vielen Menschen ihre Existenz.
Die Ananas hat vor allem einen sehr nützlichen Inhaltsstoff: Das Ferment Bromelin, das die Fähigkeit besitzt, Nahrungseiweiß aufzuspalten und dadurch die Eiweißverdauung zu fördern. Besonders wirkungsvoll sind außerdem die Enzyme, die durch die Verbrennung von Fetten und Kohlehydraten eine gesunde Gewichtsreduktion bewirken. Ablagerungen von Schlacken im Gewebe, in den Gefäßen und im Darm werden verhindert. Daher sollte Ananas möglichst oft roh gegessen werden. Nicht empfehlenswert ist Ananas aus der Dose, da diese meist gezuckert ist.
Tipp: Kaufen Sie zwei Putenfilets. Füllen Sie eines der beiden mit einer Spritze mit ein wenig Ananassaft. Lassen Sie dann beide Filets über Nacht im Kühlschrank. Sie werden erkennen, dass das Putenfilet, das mit Ananassaft behandelt wurde, beim Anrichten butterweich ist, da der Saft das Eiweiß zerlegt hat. Das funktioniert mit jeglicher Art von Fleisch und ebenso mit Papaya- statt Ananassaft.

Apfel Der Apfel gilt als Symbol der Liebe und als Zeichen der Macht. Nach christlicher Symbolik gilt der Apfel als Sinnbild der Sünde. Die Syrer brachten vor bereits 5000 Jahren den Apfel aus Kleinasien nach Ägypten. Auch in unseren Breitengraden wurde der Apfel schon zu vorchristlicher Zeit angebaut.
Im Apfel sind reichlich Vitamin C, Eisen und Kalium enthalten, darüber hinaus auch viele Ballaststoffe, welche die Darmtätigkeit anregen und so für eine gesunde Verdauung sorgen. Der Ballaststoff Pektin befindet sich vor allem in der pflanzlichen Zellwand des Apfels und zählt zu den natürlichen Quellstoffen. Pektine absorbieren giftige Zersetzungsprodukte von Mikroorganismen im Darm und haben somit eine reinigende Wirkung. Darum hilft auch ein geriebener Apfel bei Darmstörungen.
Ein guter Apfel sollte duften. Äpfel mittlerer Größe sind zu bevorzugen, da diese nicht fade schmecken. Außerdem enthalten sie nicht so viel Säure wie kleine Äpfel.
Tipp: Reiben Sie einen Apfel und lassen Sie diesen ein wenig braun werden. In dieser Form gegessen, bindet der Apfel alle Gifte, die in weiterer Folge ausgeschieden werden. Der Apfel wirkt wie pflanzliche Tierkohle.

Banane Vorweg möchten wir die gängige Annahme aus dem Weg räumen, dass die Banane ein Baum oder Strauch sei. Sie ist die größte existierende Staude und gehört somit der gleichen Familie wie Lilien und Orchideen an. Ursprünglich stammt sie aus Asien, doch hat die heutige mit der einstigen Banane nicht mehr viel gemein. Die Obstbanane hat viele Sorten. Die meisten von ihnen haben eine dicke, ungenießbare Schale. Meist ist die Farbe gelb, doch gibt es sie auch in rot, rosa und violett. Immer häufiger findet man auf Märkten kleine Bananen, auch Babybananen genannt. Diese stammen aus Afrika (Elfenbeinküste) und haben ein wesentlich stärkeres Aroma. Es gibt auch Sorten darunter, die viel Stärke beinhalten. Ihnen allen ist gemein, dass sie wesentlich schneller verderben als große Bananen.

Bananen enthalten neben Zucker vor allem viele Ballaststoffe, aber auch sehr viele Spurenelemente. Reife Bananen eignen sich sehr gut als Krankenkost. Auch Sportler wissen, warum sie immer wieder einen Bissen davon zu sich nehmen. Durch die Spurenelemente gewinnen sie wieder Kraft und Ausdauer.

Birne Die Birne wurde bereits im Altertum kultiviert. Im Mittelalter dienten Birnenzweige unter anderem, so der damalige Volksglaube, zum Vertreiben von Hexen.

Die Birne steht seit jeher im Schatten des Apfels, was wirklich schade ist, schmeckt sie doch hervorragend und ist genauso reich an Vitaminen und Mineralstoffen. Sie enthält reichlich Vitamin C und A sowie B-Vitamine. Zusätzlich weist sie einen hohen Mineralstoffgehalt auf. Die Birne enthält nur ein Fünftel soviel an Fruchtsäure wie ein Apfel. Daher kommt der süße Geschmack, der vermuten lässt, die Birne sei kalorienhaltiger. (Also, wenn Sie sich das nächste Mal auf einem Obst- und Gemüsemarkt befinden, sollten Sie nicht achtlos an den Birnen vorbeigehen.)

Blumenkohl Neben dem weißen Blumenkohl gibt es auch Sorten mit violetten und grünen Rosen. Der violette Blumenkohl wird allerdings beim Kochen grün. Wie auch alle anderen Kohlsorten, besitzt der Blumenkohl einen besonders hohen Gehalt an Vitamin C. Er beinhaltet jedoch auch eine große Menge an Mineralstoffen. Wichtig ist hierbei vor allem das Kalium. Blumenkohl wirkt als Radikalfänger und eignet sich bestens zur Kranken-, Schon- und Diätkost.

Bohnen (grün) Bohnen wurden bereits vor über 7000 Jahren von Indianerstämmen in Mexiko und Peru angebaut. Im 16. Jahrhundert gelangten die Bohnen durch portugiesische Sklavenhändler über Afrika nach Europa.

Der Name Bohne bezeichnet sowohl die Hülse als auch die essbaren Samen, die frisch und getrocknet gegessen werden können. Es gibt mehr als hundert Bohnensorten, die sich in Form, Geschmack und Farbe unterscheiden. Einiges haben sie alle gemein: Sie sind reich an pflanzlichen Proteinen, sie enthalten viel Vitamin C, Vitamin K (an der Blutgerinnung beteiligt) und Folsäure. Auch mit Mineralien sind Bohnen gut ausgestattet. Grüne Bohnen wirken harntreibend und blutreinigend. Sie wirken auch krampflösend (daher auch der Reim: „Für jedes Böhnchen ein Tönchen"). Durch diese positiven Eigenschaften setzten die Bohnen sich auch in Asien als Heilmittel durch.

Die Gartenbohne, die vor allem als grüne Bohne bekannt ist, wird in Busch-, Kletter- und Stangenbohnen unterteilt. Buschbohnen sind niedrigwachsende Pflanzen und haben eine kürzere Reifezeit als Stangenbohnen. Prinzessbohnen werden gepflückt, wenn sie noch jung und zart sind. Delikatessbohnen sind dickfleischig und mit runder Hülse. Stangenbohnen benötigen eine Stütze zum Wachsen und müssen von Hand gepflückt werden. Wachsbohnen oder gelbe Bohnen werden oft wegen ihrer Zartheit gekauft. Die Keniabohne ist eine besonders dünne, samenlose Delikatessgartenbohne.

Brokkoli Die Urform des Brokkolis wuchs in Kleinasien. Bereits Etrusker und Römer liebten ihn. Katharina von Medici führte ihn in der französischen Küche ein. Der Name Brokkoli leitet sich vom lateinischen Wort „brachium“ ab, was so viel heißt wie Zweig. Brokkoli ist meistens grün, er kommt aber, wenn auch nicht sehr häufig, auch in weißen und violetten Varianten vor.
Brokkoli wirkt krebshemmend (wie man kürzlich herausfand, zwanzigmal mehr, als bisher angenommen). Denn auch im Brokkoli finden sich nachweislich Indole, die dazu imstande sind, bereits entstandene Krebsherde erfolgreich zu bekämpfen. Durch Beta-Carotin, Lutein und Vitamin C und deren antioxidative Wirkung wird Zellschädigung verhindert. Andere Stoffe wie die Flavonoide und Chlorophylle unterstützen zusätzlich die krebshemmende Wirkung des Brokkolis.

Chinakohl Die wohl bedeutsamsten Inhaltsstoffe des Chinakohls sind Eiweiß, Kohlehydrate, Aminosäuren, Senföl, Mineralstoffe, Provitamin A und Vitamin C. Chinakohl ist leicht verdaulich. Er ist hervorragend als Schonkost geeignet.

Erbsen Die Erbse gehört zu den Schmetterlingsblütlern. Eine der sieben Erbsenarten ist die schon seit der Steinzeit kultivierte Gartenerbse. Der Sonnenkönig, Ludwig der XIV., liebte Erbsen so sehr, dass er einen Teil des Louvre-Geländes zu einem Erbsengarten umfunktionierte. Sein Motto war: Wenn das Volk kein Brot hat, soll es Erbsen essen.
Erbsen, die zu den Hülsenfrüchten zählen, sind sehr nährstoffreich. Sie gehören zu den wichtigen pflanzlichen Eiweißlieferanten. Erbsen enthalten auch reichlich Vitamin A sowie B-Vitamine. Sie beinhalten Eisen, Magnesium und Kalzium sowie auch eine hohe Menge an Ballaststoffen, welche die Darmtätigkeit anregen.
Bei Trockenerbsen unterscheidet man übrigens zwei Sorten: die gelben und die grünen Erbsen. Die gelben sind etwas süßlicher im Geschmack, die grünen ein wenig herber.

Erdbeere Dieses süße Früchtchen weist mehr Gehalt an Vitamin C auf als die Zitrone. Erdbeeren besitzen mehr als 300 gesunde Substanzen. Sie sind nicht nur wirksame Radikalfänger, sie fördern auch Appetit und Verdauung, entschlacken den Körper und reinigen die Schleimhäute. Erdbeeren stoppen Durchfall und senken Fieber. Sie beschleunigen auch die Wundheilung. Sie stärken Knochen und Zähne, da sie einen hohen Anteil an Phosphor besitzen. Außerdem beinhalten sie außergewöhnlich viel Magnesium.

Erdnuss Die Kerne enthalten rund vierzig Prozent Öl und beinhalten eine hohe Menge an Eiweiß, Kohlehydraten und Linolsäure. Erdnüsse besitzen auch einen hohen Anteil an Vitamin A, B, E und K. Die enthaltene Linolsäure wirkt blutdrucksenkend. Vitamin K fördert die Blutgerinnung.

Feige Die aus Kleinasien stammende Feige verbreitete sich im ersten Jahrhundert n. Chr. im westlichen Mittelmeerraum. In Griechenland und anderen Mittelmeerländern zählte sie bald zu den wichtigsten Nahrungsmitteln. Dort galt sie als Symbol des Wohlbefindens und der Fruchtbarkeit. Im 18. Jahrhundert pflanzten spanische Franziskaner die Feige an der Pazifikküste in Südkalifornien an.
Feigen haben einen sehr hohen Folsäuregehalt. Dieser beugt Arterienverkalkungen vor. Aber auch Vitamin B1 und Kalzium gehören zu ihren Inhaltsstoffen. Die Früchte des Feigenbaumes sind sehr zuckerreich. Sie haben außerdem eine verdauungsfördernde Wirkung und dienen deshalb als leichtes Abführmittel.

Getreide Getreide ist seit Jahrtausenden das wichtigste Nahrungsmittel des Menschen. Das Korn hat einen ausgewogenen Nährstoffgehalt und eine hohe Nährstoffdichte, da es nur zu 15 Prozent aus Wasser besteht. Die verbleibenden 85 Prozent beinhalten fast alle lebensnotwendigen Nähr- und Vitalstoffe, wie Vitamine, Mineralstoffe, Fette, Eiweiße, Kohlehydrate und Spurenelemente.
Wird das Getreide unraffiniert verzehrt, bleiben seine wertvollen Inhaltsstoffe erhalten. Aus Wildformen von Gräsern züchteten Menschen nach und nach die heute bekannten Getreidearten. Diese werden in sogenanntes Spelz- und Nacktgetreide unterteilt. Das Korn von Gerste, Hafer, Hirse und Reis ist von festen Hüllen, den Spelzen, umgeben. Diese müssen vor der Verarbeitung entfernt werden, da sie für den Menschen unverdaulich sind. Der Nährstoffgehalt bleibt jedoch erhalten.

Weizen ist eine sehr alte Getreideart. Das Eiweiß seines Mehlkörpers verleiht ihm die besonders gute Backfähigkeit. Das volle Weizenkorn wirkt positiv auf den Nervenbereich.

Roggen ist ein relatives junges Getreide. Es ist neben Weizen das wichtigste Brotgetreide. Seine kräftige Natur stärkt die Verdauung.

Dinkel ist eine alte Kulturform des Saatweizens. Das noch grüne Korn wird meistens zu Grünkern getrocknet, der sich für viele Gerichte anbietet.

Gerste gehört zu den ältesten Kulturpflanzen. Nacktgerste ohne Spelzen ist ein hochwertiges Nahrungsmittel.

Hafer gehört einer jüngeren Art an. Hafer hat den höchsten Nährwert der Getreidearten und ist leicht verdaulich. Er findet Verwendung als Heilpflanze bei Magen-Darm-Erkrankungen, senkt Bluthochdruck, Blutzucker und überhöhte Cholesterinwerte. Hafer ist kraftgebend und steigert deshalb die Leistungsfähigkeit.

Hirse ist neben der Gerste und dem Reis die älteste Getreideart. Sie ist unter anderem sehr eiweißhaltig und hat einen hohen Anteil an Kieselsäure. Besonders gut ist sie für Haut, Haare und Nägel.

Reis ist bereits in der Eiszeit (Pleistozän) gewachsen. Die Heimat des Kulturreises ist heute Südostasien. Die ältesten schriftlichen Überlieferungen, in denen Reis erwähnt wird, stammen aus China. Sie berichten, dass schon im Jahre 2800 vor Chr. Kaiser Shen-Nung beim Frühlingsfest Reis ausgesät habe. Wie Weizen oder beispielsweise auch Hafer und Gerste, stammt auch Reis aus der Familie der Gräser. Die Reispflanze ist ein 80 bis 120 Zentimeter hoher schlanker Halm, der lange Rispen mit zahlreichen Körnern trägt. An den Boden stellt der Reisanbau wenig Anforderungen. Allerdings verträgt Reis keinen Frost, daher wird er in Südeuropa erst Ende April oder Anfang Mai ausgesät. Bei Voll- und Naturreis sowie bei braunem Reis wird die äußere Schale entfernt. Dabei bleiben die Inhaltsstoffe, im Gegensatz zu weißem, poliertem Reis, erhalten.

Mais ist in Süd- und Mittelamerika immer noch das wichtigste Nahrungsmittel. Ernährungsphysiologisch steht Mais hinter den anderen Getreidesorten, da es ihm an Lysin und an B-Vitaminen mangelt.

Ginseng Ginseng beinhaltet ähnliche Substanzen wie jene des männlichen Hormons. Bis die Ginsengwurzel allerdings geerntet werden kann, braucht sie volle sieben Jahre der Reifung. Ginseng steigert die Beweglichkeit der Spermien. Schon die chinesische Oberschicht wusste um die Wirkung Bescheid. Sie verwendete es zur Stimulationstherapie und als Anti-Aging-Mittel.

Granatapfel Im Granatapfel befinden sich sogenannte Phytohormone. Diese Hormone findet man ausschließlich in Pflanzen. Bestimmte Phytohormone senken das Krebsrisiko, so auch die des Granatapfels. Auch unsere Haut braucht diese wichtigen Hormone, um sich gegen belastende Umwelteinflüsse zu wehren und den frischen Teint behalten zu können. Araber wissen dies schon seit geraumer Zeit und wenden es auch in heutiger Zeit gerne an. (Möchten Sie noch mehr zum Granatapfel wissen, lesen sie weiter im Kapitel „Natürliche Aphrodisiaka".)

Grapefruit Die Grapefruit enthält viel Kalium, Vitamin C und Fruchtsäure. Vor allem aufgrund ihres hohen Vitamin-C-Gehalts und ihrer Ballaststoffe wirkt sie Fettleibigkeit entgegen. Zudem ist sie krebshemmend, entwässernd, verdauungsfördernd und entschlackend. Sie hilft bei zu niedrigem Blutdruck, bei Blutkrankheiten, erhöhter Harnsäure und zu hohem Cholesterinspiegel.

Hagebutte Gregor Mendel, der Mönch bei den Augustinern in Böhmen war, lernte dort die köstliche Hagebuttensauce kennen. Die Mönche wussten vermutlich damals schon über die Heilkraft der Hagebutte Bescheid.
Die Hagebutte besitzt eine sehr hohe Menge an Vitamin C. Dass dies ein starker Radikalfänger ist, wissen wir bereits. Das heißt, die Hagebutte hilft uns dabei, uns vor Krebs zu schützen. Die rötliche Färbung entsteht durch die enthaltenen Karotine. Sie ist aber auch reich an Pektin und Flavonen.
Die Hagebutte ist auch ein sehr wirksames Mittel gegen Grippe. Zudem schützt sie vor Arterienverkalkung, stärkt das Immunsystem durch Anregung der Thymusdrüse (Schaltzentrale der Abwehr) und Bildung von körpereigenen Immunstoffen. Sie lindert Bronchialasthma und wirkt auch als natürliches Antihistaminikum gegen Heuschnupfen. Pektin entgiftet und bindet das Cholesterin im Blut. Die Hagebutte ist stark harntreibend und darum bei Wassersucht hilfreich. Empfohlen wird sie auch für alle, die an Nieren- oder Blasensteinen leiden. Bei Frühjahrsmüdigkeit, Nierenerkrankungen, Rheuma, Gicht und Gallenbeschwerden ist die Hagebutte äußerst nützlich. Die Hagebutte ist geradezu ein Star in der Anti-Aging-Küche.
Tipp: Wenn Sie wilde Rosensträucher haben, drücken Sie die Hagebutten nach dem ersten Frost aus. Sie werden sehen, wie köstlich diese schmecken.

Himbeere Sie enthält Vitamin C, Kalium, Eisen, Magnesium, Phosphor, Salicylsäure, Pektin, Gerbstoffe und Flavone (Farbstoffe).
Sie stärkt das Immunsystem, senkt Fieber, unterstützt die Leber beim Entgiften, festigt die Wände der feinen Blutgefäße, unterstützt die Regeneration der Darmschleimhaut und hat eine allgemein stoffwechselaktivierende Wirkung. Nebenbei wirkt sie appetitanregend.

Hopfen Böhmische Hopfenpflückerinnen klagten während der Periode öfter über Beschwerden. Diese entstanden durch die Überdosis an Östrogenen, die sie bei der Arbeit mit Hopfen aufnahmen. Im Bier, das aus Hopfen und Malz gebraut wird, finden sich nur mehr minimale Restbestände. Bei übermäßigem Biergenuss allerdings führen die Phytoöstrogene zu einer wachsenden Brust und einem Bierbauch.

Johannisbeere Beide Arten, die rote wie auch die schwarze Johannisbeere, sind Vitaminbomben. 55 g Johannisbeeren decken bereits den Tagesbedarf an Vitamin C. Sie sind nicht nur ein hervorragendes Mittel gegen Krebs, sie stärken generell die körpereigenen Abwehrkräfte. Sie halten die Gefäße elastisch und schützen so vor Schlaganfällen. Johannisbeeren wirken vorbeugend gegen Diabetes, Erkältungskrankheiten und Darmstörungen. Sie helfen bei akutem Durchfall durch Vernichten von Kolibakterien. Sie regen den Speichelfluss und die Verdauung an. Sie wirken schweißtreibend bei Fieber. Die roten und blauroten Pflanzenfarbstoffe haben eine positive Wirkung auf die Zell-, Gehirn-, Drüsen- und Stoffwechselfunktion. Nicht zu verachten ist deren Wirkung in der Schwangerschaft – sie bewirken stabilen Knochenbau und fördern das Wachstum des Babys.

Karotte Die Griechen und Römer benutzten die Karotte nur als Heilpflanze. Schon damals war bekannt, dass dieses Gemüse eine harntreibende Wirkung hat. Zum Verzehr war die noch wenig weitergezüchtete Karotte zu holzig. Karl der Große war es, der dann den Anbau der Karotte förderte.
Heute sind uns über 500 Sorten bekannt. Begonnen hat der Anbau mit zwei Sorten: der gelben und der violetten Variante. Erst im 17. Jahrhundert ist es in Holland geglückt, die heute allseits bekannte orangefarbene Karotte zu züchten. Die Karotte besitzt eine ganze Menge an Inhaltsstoffen. Besonders hoch ist ihr Gehalt an Beta-Karotin, das vom Körper in Vitamin A umgewandelt wird. Das Beta-Karotin gibt diesem Gemüse auch die Farbe. Je mehr Beta-Karotin in der Karotte enthalten ist, desto orangefarbener ist sie. Außerdem enthalten Karotten leicht verdaulichen Zucker, der ihnen den süßen Geschmack verleiht.
Karotten steigern unsere Abwehrkräfte, sie helfen bei Kreislaufstörungen, wirken blutreinigend und harntreibend. Auch haben sie heilende Wirkung bei Magenleiden. Karotten wirken wachstumsfördernd und stärken die Sehkraft.
Tipp: Karotten sollten Sie immer mit ein wenig Öl essen, da sich dann erst die Vitamine lösen.

Kartoffel Energiereiche Kohlehydrate, die in Form von Stärke in der Kartoffel enthalten sind und die durch das Kochen leicht verdaulich gemacht werden können, spenden Kraft und Ausdauer. Wertvolle Ballaststoffe regen die Verdauung an. Viele Vitamine, insbesondere B1, B2 und Vitamin C, sorgen für körperliches Wohlbefinden und geistige Leistungsfähigkeit. Die Kartoffel beinhaltet hochwertiges Eiweiß und eine Reihe essentieller Aminosäuren (speziell Lysin). Diese dienen als wichtige Aufbaustoffe für Muskeln und Organe. Mineralstoffe wie Kalium, Magnesium, Eisen und Phosphor befinden sich ebenfalls in der Kartoffel. Die Kartoffel hat wenige Kalorien und ist dadurch ein idealer Schlankmacher.

Keimlinge Mit dem Vorgang des Keimens steigt der Nährwert von Körnern immens. Ein gekeimtes Getreidekorn enthält viel mehr Nährstoffe als ein gereiftes Korn.
Keime enthalten Vitamine und Mineralstoffe wie beispielsweise Kalium, Kalzium und Magnesium. Sie enthalten überwiegend mehr Ballaststoffe als Frischgemüse. Zusätzlich baut der Keimvorgang schädliche Inhaltsstoffe ab, wie etwa die Phytinsäure, die verhindert, dass der menschliche Organismus Mineralstoffe verwerten kann. Keimende Körner sollten öfters gespült werden. Nach etwa drei Tagen beginnt meist die Ernte. Zu beachten ist, dass die Keimzeit nicht zu kurz sein darf und die Schalen, beziehungsweise Gläser mit den Keimen genügend Licht bekommen, da sie sich ansonsten mit Nitrat anreichern. Fertige Sprossen sollten möglichst rasch verzehrt werden.

Tipp: Wer vom rohen Getreide Blähungen bekommt, sollte die Körner keimen lassen. Denn mit Sprossen hat man dieses Problem nicht mehr!

Kichererbsen Während diese Hülsenfrucht in unseren Breitengraden eher ein Schattendasein führt, genießt sie im Mittelmeerraum, in Indien und in Mexiko einen ausgezeichneten Ruf. Trotz ihres ulkigen Namens leistet die Kichererbse einen ernstzunehmenden Beitrag in der Vollwerternährung. Kichererbsen beinhalten Lysin, einen wichtigen Eiweißbaustein. Die besonderen Inhaltsstoffe sind vor allem die für Gehirn und Nerven so wichtigen Vitamine B1, B6 und Folsäure. Überdurchschnittlich ist auch ihr Eisengehalt. Hohe Nährstoffdichte, günstiger Ballaststoffgehalt, komplexe Kohlehydrate und wenig Fett, aber biologisch höchst wertvolle Aminosäuren machen Kichererbsen weltweit zu einem der wichtigsten Grundnahrungsmittel.

Kirsche Die Süßkirsche ist bereits seit urgeschichtlicher Zeit bekannt. Die Sauerkirsche hingegen wurde erst später erwähnt. Kirschen weisen einen hohen Vitamin- und Mineralstoffgehalt auf. Vor allem sind sie reich an Vitamin C und Kalium.

Klee Im Klee befinden sich in höchstem Maße östrogenähnliche Substanzen, die sogenannten Isoflavone. So haben Bauern die Erfahrung gemacht, dass Pferde, die auf einer Kleewiese weiden, ein glänzendes Fell bekommen. Beim Menschen wirken die Isoflavone positiv auf Knochen und Gehirn.

Knoblauch Die langkettigen Schwefelverbindungen sind es, die für den Geruch des Knoblauchs verantwortlich sind. Die Medizin hat schon vor Jahrtausenden erkannt, dass diese die Gefäße reinigen und antibakteriell wirken. In Knoblauch befinden sich auch Selen, viele Vitamine, Mineralien und Spurenelemente. Zwei bis drei Zehen am Tag reduzieren das Risiko von Arterienverkalkung, Herzinfarkt und Schlaganfall um ein Vielfaches. Knoblauch beugt gegen Krebs vor und stärkt das Immunsystem. Er tötet krankheitserregende Keime, Bakterien und Viren im gesamten Bauchraum ab. Zudem stärkt er die Mikroflora des Darms. Durch Knoblauch wird das Gehirn besser durchblutet. Bei all diesen Eigenschaften ist es nicht verwunderlich, dass amerikanische Forscher Knoblauch als Wunderdroge bezeichnen.

Kohl Der Wiener Krebsforscher Hans Steinkellner meint, dass der Verzehr von Kohlgemüse zur Verringerung des Krebsrisikos beitragen kann.
„Die Pflanzen, die im Laufe ihrer Entwicklungsgeschichte niemals die Möglichkeit hatten davonzulaufen, mussten sich vermehrt vor Bakterien, Pilzen und anderen Fressfeinden schützen. Darum haben sie vermehrt Substanzen entwickelt, die sie schützen. Zu diesen besonders intelligenten Pflanzen gehört der Kohl."
Die speziellen Inhaltsstoffe regen im menschlichen Körper die Bildung von wichtigen Enzymen an. Diese helfen dabei, den Körper von krebserregenden Stoffen zu befreien. Wichtig ist, dass Kohl sogenannte Indole beinhaltet. Indole haben die Eigenschaft, bereits entstandene Schäden beheben zu können. Außerdem wirkt Kohl verdauungsfördernd.

Kürbis Die Heilwirkung des Kürbisses ist erst kürzlich wieder entdeckt worden. Bereits die Indianer Nordamerikas erkannten die faszinierenden Inhaltsstoffe des Kürbisses. Bei Schwellungen, Fleischwunden und Entzündungen mischten sie einen Brei aus Maiskörnern und Kürbisfleisch. Im Mittelalter legte man bei Geschwüren und Geschwülsten rohes Kürbisfleisch auf. Heute hat man erkannt, dass Kürbisse starke

Radikalfänger sind. Einer wissenschaftlichen Studie des Urologen Heinz Schilcher zufolge haben Kürbisse sowie Kürbiskerne eine positive Wirkung bei Blasen- und Prostataleiden.
Der Kürbis, den es in vielen Arten und Variationen gibt, ist reich an Vitamin A, B1, B2, B6, C, D und sogar an Vitamin E. Ebenso tragen Mineralstoffe, Kalzium, Kalium, Magnesium, Eisen und Phosphor sowie die Spurenelemente Selen und Zink zur Stärkung des Immunsystems bei.

Kürbiskerne Kürbiskerne zählen zu den Hülsenfrüchten. Sie sind sehr gesund. Der Grund dafür ist, dass sie einen hohen Anteil an Zink haben. Zink ist wichtiger Bestandteil von vielen Enzymen und oft zugleich deren Aktivator. Zink ist wesentlich für die Hautstruktur und unentbehrlich für das Wachstum. Kürbiskerne unterstützen aber auch die körpereigenen Abwehrkräfte. Zudem ist Zink als natürliches Aphrodisiakum bekannt. Kürbiskerne wirken entschlackend, senken den Blutdruck und werden bei Erkrankungen von Haut und Schleimhäuten eingesetzt.

Linsen Linsen wurden bereits vor Jahrtausenden in Vorder- und Zentralasien kultiviert. Linsen werden nach Farbe und Größe unterschieden. Es gibt Riesen-, Teller-, Mittel- und Zuckerlinsen. Generell gilt: Je kleiner die Linsen sind, desto besser sind sie, da der Schalenanteil höher ist und sich in der Schale das beste Aroma befindet. Linsen enthalten einen sehr hohen Anteil an Eiweiß, Kohlehydraten, wenig Fett und viele Mineralstoffe.

Mandarine & Klementine Sie beinhalten Provitamin A, Vitamin C, Mineralstoffe und eine große Menge an Fruchtzucker. Mandarinen und Klementinen stärken die Abwehr und Leistungsfähigkeit, wirken kühlend, appetitanregend und durststillend.

Mandel Die Mandel enthält Kalzium und unterstützt daher den Knochenbau, die Zahnbildung und das Wachstum. Auch die Muskeltätigkeit des Herzens wird dadurch gestärkt.

Mango Sie enthält mehr Beta-Karotine (Vorstufe von Vitamin A) und Lycopen als die Karotte! Auch B-Vitamine, Vitamin E, Eisen und Flavone sind Inhaltsstoffe der Mango.
Die Mango fördert die Widerstandsfähigkeit der Schleimhäute (Bronchien, Genitalien, Bindehaut). Sie beugt trockenen Augen vor, vor allem bei intensiver Bildschirmarbeit. Sie stimuliert die Regeneration des Gehirns, der Nerven und des Drüsensystems. Sie wirkt blutbildend, da sie viel Eisen beinhaltet.

Olive Die schwarzen Oliven sind im Gegensatz zu den grünen voll ausgereift. Oliven enthalten viel Vitamin A sowie B-Vitamine und Mineralien. Die B-Vitamine wirken beruhigend. Oliven schützen vor Leber- und Gallenschäden. Ihr Öl enthält viele einfach ungesättigte Fettsäuren. Sie schützen vor Arterienverkalkung und Krebs und wirken vorbeugend gegen Herzinfarkt.

Orange Die Orange hat einen hohen Anteil an Vitamin C, außerdem auch B-Vitamine, Kalium, Magnesium, Kalzium, Phosphor, Selen, Zellschutzstoffe und Bioflavonoide. Letztere befinden sich in der weißen Haut unter der Schale. Diese sollten Sie daher unbedingt mitessen!
Die Orange wirkt blutreinigend. Bei Fieber und Durchfallerkrankungen ist sie an heilsamer Wirkung beinahe nicht zu übertreffen! Die Orange schützt vor Herzinfarkt. Sie dichtet die feinsten Blutgefäße (Kapillaren) ab,

wodurch man besser mit Sauerstoff versorgt ist. Des Weiteren bringt sie die Produktion von Nervenbotenstoffen (Neurotransmittern) in Schwung. Dies hat zur Folge, dass man besserer Laune ist. Die Orange senkt hohen Blutdruck und zu hohen Cholesterinspiegel. Zusätzlich kann sie wirksam gegen Krampfadern eingesetzt werden.

Papaya Man nennt sie das Lebenselixier aus dem Dschungel. Die wichtigsten Inhaltsstoffe der Papaya sind die Enzyme Papain, Chymo-Papain und Papava-Lysozym. Diese wirken antibakteriell und können Krankheitserreger ausschalten. Papaya wirkt auch Wunder bei der Bekämpfung der Parkinson-Krankheit. Papayas stärken auch Herz und Kreislauf, kräftigen die natürlichen Abwehrkräfte und aktivieren die Muskelbildung. Die Papayaenzyme spalten Nahrungseiweiße in einzelne Aminosäuren. Das ist besonders wichtig für Menschen, die Probleme mit der Eiweißverdauung, also zuwenig körpereigene eiweißspaltende Enzyme haben. Wer viele Papayas isst, spart sich Verdauungsstörungen!

Paprika (rot) Roter Paprika beinhaltet doppelt so viel Vitamin C wie Zitronen! Er enthält Krebsschutzsubstanzen. Paprika verbessert auch die Herzleistung und Durchblutung der Haut. Paprika dichtet Gefäßwände von innen ab und hilft gegen Thrombosen. Er steigert die körpereigenen Abwehrkräfte gegen Infektionen, dämpft Schmerzen und Stressfolgen, lindert Muskelkater und Arthritis. Paprika wirkt blutverdünnend. Er ist harntreibend und verdauungsfördernd.

Pfirsich Der Pfirsich beinhaltet die Vitamine A, B und C, aber auch Kalzium, Kalium, Magnesium, Natrium, Eisen, Zink, Beta-Karotine und Flavone. Er regt die Nieren an, fördert deren Entwässerung und entlastet damit Lunge, Herz und Kreislauf. Die milden Fruchtsäuren wirken appetitanregend. Karotine und Flavone beugen Krebserkrankungen vor. Magnesium wirkt beruhigend. Der Pfirsich bewirkt aber auch Stoffwechselregulation. Er wirkt förderlich für glatte Haut, schöne Haare und gutes Sehvermögen.

Porree/Lauch Wie alle Zwiebelgewächse enthält Lauch die Mineralstoffe Kalium, Kalzium und Eisen. Lauch birgt auch viele Vitamine in sich. Der gesundheitsfördernde Wert des Lauchs liegt in seinen schwefelhaltigen ätherischen Ölen (Senföl), die auch für den spezifischen Geschmack verantwortlich sind. Den Ölen werden antibiotische Wirkungen zugeschrieben.

Preiselbeere Dieses Beerchen ist kalorienarm und enthält sehr viel Vitamin C, D, Kalium und Eisen. Es wirkt krebsvorbeugend und hat eine entgiftende Wirkung im Darm.

Quitte Die Quitte ist eine fast vergessene Heilpflanze. Schon der griechische Arzt Hippokrates empfahl gekochte Quittensamen als kühlendes Mittel gegen Verbrennungen. In der modernen Medizin werden Quitten als hustenlösendes, darmregulierendes und blutbildendes Mittel eingesetzt. Sie versprechen aber auch Linderung bei Gicht und Arteriosklerose und wirken krebsvorbeugend. Quitten haben einen hohen Anteil an verdauungsförderndem Pektin. Auf Grund dessen eignen sich Quitten hervorragend zum Einmachen. Pektin ist ein komplexes Zuckermolekül und bewirkt zusammen mit der Fruchtsäure und dem Zucker das Gelieren.

Tipp: Die Quitten schneiden und mitsamt dem Gehäuse in einen Topf geben. Mit Wasser aufgießen und 1½ Stunden köcheln lassen. Anschließend in einem Tuch austropfen lassen. So entsteht Quittengelee, das als Marmelade vorzüglich schmeckt.

Rote Rübe Sie schützt die Zellen vor freien Radikalen und wirkt somit krebsvorbeugend. Die Rote Rübe ist appetitanregend. Vor allem der hohe Eisengehalt unterstützt die Blutbildung. Auch bei Erkältungen und grippalen Infekten wird Rote Rübe empfohlen. Sie entsäuert den Körper, festigt die Wände der Blutgefäße, regt Leber und Galle an und verbessert die Verdauungstätigkeit.

Sellerie In der klassischen Epoche Griechenlands galt Sellerie als heilig. Es ist wenig bekannt, dass Sellerieblätter die Sieger der Nemeischen Spiele zierten, ebenso wie Lorbeerblätter die der Olympischen Spiele. Die Nemeischen Spiele wurden seit dem Jahr 573 alle zwei Jahre im Ort Nemea abgehalten. Der Sage nach erlegte dort Herakles, ein Sohn des Zeus, als erste seiner zwölf Heldentaten den nemeischen Löwen. Die Römer schätzten jedoch Sellerie weniger aus religiösen Gründen, als aus kulinarischen. Heute ist Sellerie ein beliebtes Gemüse in ganz Europa.
Die gehackten Blätter finden häufig Verwendung zur Geschmacksverbesserung von Suppen und Soßen. Zu diesem Zweck ist auch die Wurzel geeignet. Die gekochte Wurzel empfiehlt sich auch als aromatisches Gemüse. In England und den USA ist vor allem eine Sellerievariante besonders beliebt – der Stangensellerie. Selleriefrüchte weisen ein ähnliches, aber wesentlich stärkeres Aroma auf. Zur einfacheren Dosierung werden sie oftmals gemahlen und mit Salz gemischt. Sellerie ist als Gemüse und als Geschmacksverstärker sehr wohlschmeckend. Er verfügt über einen hohen Gehalt an ätherischen Ölen. Diese sorgen für den typisch würzigen Geschmack. Aufgrund des hohen Kaliumgehaltes wirkt Sellerie harntreibend. Ansonsten bewirken die Inhaltsstoffe wenig. Laut Volksglauben ist Sellerie allerdings potenzfördernd, was aber nicht eindeutig bewiesen ist.

Sojabohnen Das Ursprungsland der Sojabohne ist Südostasien. In China wird diese Pflanze schon seit 5000 Jahren kultiviert. Soja wurde schon damals unter dem heilkundigen Kaiser Sheng-Nung zu den „heiligen Getreidepflanzen“ gezählt. Diese Hülsenfrucht gehört zu den Schmetterlingsblütlern. Heute gibt es schon mehr als 3000 Sojabohnensorten auf der Welt, da sich diese Frucht fast jedem Klima anpassen konnte. Die reine Sojabohne beinhaltet viele Schätze. Sie enthält hochwertiges Eiweiß und gute Fette. Soja ist außerdem cholesterinfrei. Der Mineralstoffanteil ist höher als bei den meisten anderen Nahrungsmitteln.

Sonnenblumenkerne Ebenso wie Kürbiskerne sind Sonnenblumenkerne sehr gesund. Der Grund dafür ist, dass sie einen hohen Anteil an Zink haben. Zink ist wichtiger Bestandteil von vielen Enzymen und oft zugleich deren Aktivator. Zink ist wesentlich für die Hautstruktur und unentbehrlich für das Wachstum. Zudem ist Zink als natürliches Aphrodisiakum bekannt.

Spargel Inhaltsstoffe des Spargels sind A-, B- und C-Vitamine sowie Eisen. Reichlich beinhaltet Spargel auch Kalium, Kalzium, Phosphor, Jod und Flavone. Der grüne Spargel hat einen höheren Gehalt an Mineralstoffen, Vitamin C, Caratoniden und B-Vitaminen als weißer Spargel.
Die enthaltene Folsäure ist wichtig für die Zellverjüngung, die Blutbildung und die Hormonbildung. Spargel regt die Stoffwechsel- und Nierentätigkeit an und wirkt entschlackend. Man bezeichnet Spargel auch als den „Polizisten der Niere“. Spargel reinigt das Blut und unterstützt Leber- und Lungenfunktion. Er leistet Abhilfe bei Leber- und Gallenbeschwerden.

Tomate Gemüse- und Obstsorten, die rot sind, sind extrem gesund für den menschlichen Organismus! Warum das so ist, erläutern wir Ihnen anhand der Tomate.

Die rötliche Färbung der Tomate entsteht durch die Karotine, die Vorstufen von Vitamin A und Provitamin A sind und als Fänger von freien Radikalen fungieren. Freie Radikale sind Zellzerstörer, die unter anderem durch Stress, UV-Strahlung, Umweltbelastung und Rauchen entstehen können und das Altern der Zellen beschleunigen (siehe Kapitel „Freie Radikale lassen uns ganz schön alt aussehen").

Bereits die Azteken kannten die Tomate. In Italien trägt sie den klingenden Namen Pomodoro, was übersetzt „der goldene Apfel" heißt. Sie hat diesen Namen keineswegs zu Unrecht bekommen. Denn sie zählt zu den wirksamsten Radikalfängern. Die Tomate schützt uns vor der schädlichen Wirkung der freien Radikale. Da die Tomate in jeder Küche zu finden ist, fällt es schwer zu glauben, dass dieses einfache Gemüse eines der besten Mittel zur Krebsvorbeugung ist. Lycopen ist jedoch tatsächlich ein hochwirksames Antioxidantium. Das heißt, es schützt nicht nur vor jenen Krebszellen, die durch den Angriff von freien Radikalen entstehen, sondern es wirkt auch als natürliches Chemotherapeutikum, indem es an den bereits vorhandenen Krebszellen ansetzt und deren Wachstum hemmt. Diese Eigenschaft hat man bisher nur an Soja oder am Spurenelement Selen beobachtet. Interessant ist auch, dass Lycopen nur in Kombination mit den zahlreichen anderen Wirkstoffen agieren kann. Lycopen, das aus der Familie der Flavonoide kommt, verleiht dem Gemüse zusammen mit den Karotinen die rote Farbe.

Die Tomate besteht zu achtzig Prozent aus Wasser. 19 Prozent sind Kohlehydrate, Fette und Eiweiße. Diese nennt man auch primäre Pflanzeninhaltsstoffe. Spannend ist aber, was sich in dem verbleibenden Prozent verbirgt, nämlich Tausende von Substanzen, darunter auch Lycopen und Vitamin C. Außerdem enthält die Tomate Tyrosin – einen Stoff, der gute Laune macht. Diese Inhaltsstoffe nennt man auch sekundäre Pflanzeninhaltsstoffe.

Nicht umsonst wird jedes Jahr in einem kleinen Städtchen namens Bunyol in Spanien das einzigartige Fest „La Tomatino" groß gefeiert. Touristen und Einheimische bewerfen sich bei diesem Spektakel gegenseitig mit Tonnen von Tomaten. Allerdings sollte man die Tomaten nicht nur werfen, sondern auch essen. Denn zusätzlich zu all den anderen Vorteilen verlangsamt gerade dieses Gemüse unsere Hautalterung.

Prof. Barry Halliwell vom internationalen Zentrum für Forschungen auf dem Gebiet der Antioxidantien in Singapur, der sich auf Zellalterung und altersbedingte Krankheiten spezialisiert hat, bringt es auf den Punkt: „Wenn die Haut einem Übermaß an freien Radikalen ausgesetzt wird, bilden sich Enzyme, die das stützende Kollagen und die Elastinfasern praktisch auffressen, sodass die Haut dünner wird und ihre Struktur verliert. Die Elastizität lässt nach und es entstehen Falten." Was kann man dagegen tun? Der Wissenschaftler empfiehlt eine Kombination aus Lycopenen und Vitamin C. Beides ist im Übermaß in der Tomate vorhanden!

Tipp: Besonders empfehlenswert ist übrigens auch simples Ketchup. Die Lycopene werden durch das Kochen glücklicherweise nicht zerstört und kommen im Ketchup sogar noch wesentlich konzentrierter vor. Wer es besonders gesundheitsbewusst mag, kann natürlich sein Ketchup auch selbst herstellen. Lassen Sie die Tomaten einfach auf kleinster Stufe ein paar Stunden köcheln.

Walnuss Der Verzehr von Walnüssen ist gut für die Gewebeelastizität. Sie enthalten das Spurenelement Selen, welches Bestandteil eines wichtigen Enzyms ist, das auf das Abfangen von freien Radikalen im Blut und Gewebe spezialisiert ist. Selen hat auch eine positive Wirkung auf die Konzentrationsfähigkeit.

Wassermelone Die rötliche Färbung der Wassermelone entsteht durch die enthaltenen Karotine, die Vorstufen von Vitamin A sind. Diese sind ebenso Fänger von freien Radikalen im Körper.
Je nach Sorte haben die Wassermelonen eine unterschiedliche Schalenfärbung. Die Fruchtfleischfärbung variiert ebenfalls von hellrot bis dunkelrot, wobei es auch gelbgefärbte Sorten gibt. Gute Wassermelonen haben eine intensiv leuchtend rote Farbe und festes Fruchtfleisch. Sieht das Fleisch hingegen aufgequollen aus, schmeckt es meist fade und mehlig.

Weintraube Die Weinrebe, deren Fruchtstände als Weintrauben bezeichnet werden, war schon im vierten Jahrtausend vor Christus bekannt. In Mesopotamien und Ägypten wurde zu dieser Zeit bereits Wein hergestellt. Besonders die rote Weintraube ist ein starker Radikalfänger. Sie beinhaltet Resveratrol, das die Weintraube vor Schimmelbefall und den Menschen vor Krebs schützt. Denn Resveratrol ist ein wirkungsvoller Radikalfänger. Zudem beinhaltet die Weintraube eine Reihe an Mineralstoffen wie Kalium, Eisen und Magnesium. Trauben fördern außerdem die Darmtätigkeit und entschlacken den Körper.

Weißkraut Zur Zeit der Römer war Weißkraut das Heilmittel schlechthin. Beispielsweise wurde es in Form eines Krautwickels gegen Rheuma, Schwellungen und Gicht verwendet.
Das Hauptanbaugebiet des Weißkrauts ist Europa, wobei Deutschland an führender Stelle liegt. Die Ernte geschieht bis heute durch Handarbeit. Erntemaschinen werden nicht besonders häufig eingesetzt, da es dabei zu Beschädigungen der Pflanzen kommen kann. Das Weißkraut ist das ganze Jahr über erhältlich und zudem sehr günstig.
Der charakteristische Krautgeschmack kommt von den sogenannten Senfölen. Diese zählen zu den sekundären Pflanzeninhaltsstoffen. Weißkraut hat einen hohen ernährungsphysiologischen und gesundheitlichen Wert. Aufgrund der sekundären Pflanzeninhaltsstoffe beugt dieses Kraut Krebs vor. Es ist die günstigste Vitamin-C-Quelle, die ganzjährig zur Verfügung steht. Weißkraut ist reich an Mineralstoffen. Zusätzlich verschafft die hohe Menge an Ballaststoffen ein langanhaltendes Sättigungsgefühl. Weißkraut beinhaltet zudem Ascorbigen. Dies ist eine Vorstufe von Vitamin C, die erst durch Kochen zu Vitamin C umgewandelt wird.

Yamswurzel Yamswurzel hat die gleiche Wirkung wie Ginseng. Sie wirkt anregend und macht munter.

Zitrone Bereits vor über 4000 Jahren wurde die Zitrone in China kultiviert, wo sie nur dem Kaiser und höheren Beamten vorbehalten war. Die Zitrusbäume wurden als „goldköpfige Sklaven" bezeichnet. Sie brachten ihren Besitzern Ansehen und Reichtum. Alexander der Große entdeckte die Zitrone auf seinem Asienfeldzug (334–324 v. Chr.). Erst im zehnten Jahrhundert brachten die Araber die Zitrone in unseren Kulturkreis. Eine spezielle Form der Zitrone wird „Ethrog" oder „Esrog" genannt. Diese ist im Rahmen des jüdischen Laubhüttenfestes von ritueller Bedeutung. Auf dem berühmten Bild von Marc Chagall „Festtag" (Rabbiner mit Zitrone) ist eine solche Ethrog-Frucht dargestellt. Sie muss hellgelb und vollkommen fehlerfrei sein und darf nur in der gezeigten, spindelähnlichen Form verwendet werden. Um diese in der Natur nur relativ selten auftretende Form zu erzielen, lässt man die jungen Früchte in israelischen Zitronenplantagen in spezielle Glasgefäße hineinwachsen. Die reifen Früchte werden dann jedes Jahr im September vorsichtig von Hand gepflückt, in Hanf verpackt und an die jüdischen Gemeinden in alle Welt verschickt.
Die Zitrone, die vor allem Vitamin C in sich birgt, ist nicht nur ein guter Radikalfänger, sie hilft auch bei fieberhaften Erkrankungen. Zudem hat sie eine straffende Wirkung auf das Bindegewebe.

Zuckermelone Wer hätte gedacht, dass die Zuckermelone zu den stärksten Radikalfängern zählt? Das vor allem deshalb, weil sich in der Zuckermelone Lycopen verbirgt, das eine stark krebsvorbeugende Wirkung hat. Zudem hat die Zuckermelone einen hohen Anteil an Vitamin C, das vor Krebs schützt und das Immunsystem stärkt. Hervorzuheben ist auch, dass die Zuckermelone großen Gehalt an Provitamin A, Kalium und Kalzium besitzt.
Der Ursprung der Zuckermelone liegt im tropischen und subtropischen Westafrika. Archäologische Funde weisen Melonen schon im dritten Jahrtausend vor Christus in Ägypten und dem damaligen Persien nach. Die weitere Verbreitung erfolgte über die Türkei und Italien nach Westeuropa. 1683 wurde sie von den Spaniern nach Kalifornien in die neue Welt eingeführt.

Die Zuckermelone enthält die Substanz Superdismutase – dies ist der stärkste Radikalfänger!

Bei der Zuckermelone werden drei Gruppen unterschieden. Die erste Gruppe umfasst die Kantalup-Melonen. Sie sind die kleinsten und haben eine gerippte Schale. Die wichtigsten Vertreter dieser Gruppe sind die Charentais-Melone, glattschalig oder genetzt, und die Ogen-Melone. Eine weitere Gruppe bilden die Netzmelonen. Sie sind oval oder rund und haben eine Netzstruktur auf der Schale. Wichtig sind die Ananas-Melone, die Galia-Melone sowie die italienische und amerikanische Netzmelone. Die dritte Gruppe bezeichnet man als Winter- oder Honigmelone. Des Weiteren wird auch der Begriff glatte Melone, benannt nach ihrer glatten Schale, benutzt. Für diese Sorte ist die längliche, football-ähnliche Form charakteristisch. Sie ist die größte und schwerste Zuckermelone und hat die Besonderheit, dass sie auch vollreif keinen Duft verströmt. Reife Zuckermelonen erkennt man sonst deutlich daran, dass sie bei Druck auf den Stielansatz leicht nachgeben und stark duften.

Zwetschke In der Antike verbreiteten die Griechen und Römer den Anbau der Zwetschke. Es wurde aber nicht nur die Frucht gegessen, sondern auch das Harz des Zwetschkenbaumes als Arzneimittel verwendet. In der heutigen Zeit sind über 2000 Sorten bekannt.
Zwetschken sind vor allem vitamin- und mineralstoffhaltig. Sie enthalten insbesondere Vitamin C, Vitamin A sowie Kalium. Zwetschken haben einen hohen Zuckeranteil. Auch gelten sie als verdauungsfördernd.

Zwiebel Die Zwiebel besitzt ätherische Öle. Ihr intensiver Geruch entsteht durch Schwefelverbindungen. Diese verhindern allerdings Arteriosklerose. Außerdem beinhaltet sie Kalium, Kalzium, Phosphor, Jod, Selen und das hormonähnliche Prostaglandin A. Die Zwiebel ist ein uraltes Heilmittel. (Die Pyramiden Ägyptens wurden mithilfe von Zwiebeln und Knoblauch erbaut. Ein eigenes Gesetz gestand jedem Arbeiter eine gewisse Ration an Zwiebeln und Knoblauch zu. Solche Schiffsladungen waren damals mindestens so wertvoll wie Granit aus Assuan.) Die Zwiebel stärkt durch das enthaltene Kalzium und Phosphor Knochen, Zähne und Nägel. Die ätherischen Öle regen den Appetit an. Die Zwiebel fördert die Verdauung in allen Bereichen (Magen, Darm, Leber, Galle, Bauchspeicheldrüse, Nieren, Blase). Sie bekämpft schädliche Bakterien, Viren und Pilze und erleichtert das Durchatmen bei Asthma. Außerdem entgiftet sie bei Rheuma, Gicht und Arthritis. Sie wirkt vorbeugend gegen Magenkrebs und heilend bei Darminfektionen (Ruhr) und Cholera.
Zwiebelschäler sind aufgrund der Inhaltsstoffe der Zwiebel so gut wie nie verkühlt. Die Zwiebel wirkt generell entzündungshemmend.
Tipp: Wenn Sie beim Zwiebelschälen weinen müssen, kann Ihnen geholfen werden: Spülen Sie ihren Mund und waschen Sie zusätzlich die Zwiebel mit kaltem Wasser.

Das Beispiel von Pablo Picasso

Pablo Ruiz Picasso, der am 25. Oktober 1881 in Malaga als erstes Kind des Don José Ruiz Blasco und seiner Frau Dona Mariá Picasso y Lopez geboren wurde, war nicht nur ein großartiger Künstler, sondern auch durch seine Abstammung als Südländer der mediterranen Küche zugetan. Er liebte das Leben und das Leben ihn. Dies kam auch deutlich zum Ausdruck, wenn er seine Freunde zum Nachtmahl einlud. Da wurde wild gestikuliert und diskutiert, gelacht und zugehört.

Er liebte das bunte Treiben, die kulinarischen Genüsse und den Rotwein, der in einer Karaffe immer parat stand. Unter all den Köstlichkeiten, die bei solchen Festgelagen auf dem Tisch standen, bevorzugte er allerdings ein Essen ganz besonders: Branzino (Wolfsbarsch) in der Salzkruste.

Intuitiv erkannte Pablo Picasso schon damals, dass dies ein Anti-Aging-Gericht der ersten Klasse ist. Wir wollen Ihnen diese Köstlichkeit natürlich nicht vorenthalten. Das Rezept können Sie im Rezeptteil (siehe Seite 100) nachlesen.

6. Natürliche Aphrodisiaka

Sexualität ist ein wesentlicher Bestandteil des menschlichen Lebens. Neben der Fortpflanzung dient sie Menschen allen Alters als sinnlicher Genuss. Um diesen jedoch auskosten zu können, bedarf es einer hormonellen Balance, die mit fortschreitenden Lebensjahren mehr und mehr gefährdet ist. Hierbei kann richtige Ernährung hilfreich sein.

„On fait l'amour comme on mange."

Zunächst einmal das Augenscheinliche: Isst man über die Maßen ungesunde Fette, verspürt man ein Völlegefühl, das nicht dazu verleitet, sich seinem Partner oder seiner Partnerin leidenschaftlich zu nähern. Zudem können ungünstige Nahrungsmittel einen rapiden Abfall des Testosteronspiegels hervorrufen. Testosteron ist sowohl beim Mann als auch bei der Frau für die Libido verantwortlich.
Das Hormon Testosteron wird in den Hoden beziehungsweise in den Eierstöcken gebildet. Durch ungesunde Fette sinken die Testosteron-Werte drastisch, die Libido sinkt. Werden hingegen die schlechten Cholesterinwerte gesenkt, steigt die Lust wieder relativ schnell. Zudem hat man erkannt, dass der richtige Testosteronspiegel auch eine Gewichtsreduktion nach sich zieht.

Die Natur hat ein reichhaltiges Angebot an verschiedenen Pflanzen bereitgestellt, die libido- und potenzfördernd wirken. Aphrodisiaka können an drei verschiedenen Punkten ansetzen: 1. Sie können die Durchblutung fördern, 2. Sie können die Nerven stimulieren, 3. Sie können die Wirkung, aber auch die Ausschüttung wichtiger Hormone wie etwa des Testosterons beeinflussen.

Ein guter Hahn wird nicht fett.

Häufig setzen Aphrodisiaka – der Name leitet sich von der griechischen Göttin Aphrodite her – auch an mehreren Punkten gleichzeitig an, können also sowohl die Libido durch Nervenstimulation als auch die Durchblutung fördern. Hektik und Leistungsdruck lassen die Erotik im Alltag zu kurz kommen. Daher erfahren Lebensmittel, von deren aphrodisierender Wirkung bereits die Griechen und Römer wussten, eine regelrechte Renaissance.

Liste natürlicher Aphrodisiaka:

Granatapfel Der Granatapfel war in der griechischen Antike das Liebesmittel schlechthin. Die Liebesgöttin Aphrodite wurde sowohl mit dem Granatapfel als auch mit der Blüte des Baumes abgebildet. Dies ist ein deutlicher Hinweis auf die sexuell stimulierende Wirkung. Die Frucht enthält tatsächlich die Substanz Piperidin, die für die leicht anregende Wirkung verantwortlich sein dürfte.

Hafer Der grüne Hafer ist ein natürliches Aphrodisiakum.

Ginseng Ginseng wird als hochwirksames Aphrodisiakum gepriesen, weil es Kraft, Ausdauer und Konzentrationsfähigkeit verbessern kann. In China wird Ginseng seit 5000 Jahren auch zur Verbesserung des allgemeinen Gesundheitszustandes verwendet.

Zink Viel Zink befindet sich in Austern. Zink ist ein hochwirksames Aphrodisiakum, was bereits Casanova zu schätzen wusste.

Maca Maca gilt als das natürliche Viagra aus Peru. Es stammt aus einer dem Rettich verwandten Wurzel und war schon den Inkas als energie-, libido- und erektionsfördernde Substanz bekannt. Wenn Inkakrieger in den Kampf zogen, nahmen sie Maca. War eine Stadt aber einmal erobert, schritten die Generäle rigoros ein und verboten ihren Soldaten den weiteren Konsum von Maca, um die Frauen der eroberten Stadt vor sexuellen Übergriffen zu schützen. Die Wurzel ist reich an Aminosäuren, die für ihre sogenannten Glücksbotenstoffe bekannt sind.

Yamswurzel Die Yamswurzel gibt Energie und fördert die Ausdauer. Daher ist diese Wurzel ein sehr gutes Aphrodisiakum.

Gelee Royale & Blütenpollen Von Bienen gesammelte Blütenpollen spezieller Pflanzengattungen beeinflussen das Sexualleben positiv. Studien über diese spezielle Pollenmischung (fermentierte Pollen und Gelee Royale) zeigten, dass durch den Konsum die Libido gesteigert und die Leistungsfähigkeit verbessert wird.

Vanille Bei den Indianern Südmexikos war Vanille eine heilige Pflanze. Sie brauten aus den Schoten und Kakaobohnen aphrodisierende Getränke. Eine perfekte Kombination. Denn Vanille überzeugt durch ihren unverkennbaren Duft. Unbewusst reagiert der Körper darauf mit Lust. Kakao hingegen enthält belebendes Koffein, sogenanntes Phenylethylamin – das ist ein Stoff, der gute Laune macht. Ob das erotisierende Getränk tatsächlich hilft, ist auszuprobieren.

Trüffel Angeblich soll Trüffel sowohl Frauen als auch Männer in Schwung bringen. Diesen Ruf verdankt er weder der Form noch den Inhaltsstoffen, sondern vorwiegend dem Geruch. Denn dieser Pilz enthält eine Substanz namens Androstenol, die nach Schweiß riecht und auf die Schweine und Menschen gleichermaßen reagieren. Dies ist auch der Grund, warum Schweinedamen so erfolgreich bei der Trüffelsuche sind. Eigentlich erwarten sie sehnsüchtigst einen Eber, finden aber nur Pilze.
Da sich auch im menschlichen Schweiß Androstenol befindet, empfinden vor allem Männer das Trüffelaroma als stimulierend.

Cayennepfeffer, Ingwer und Zimt Scharfe Gewürze wie etwa Cayennepfeffer können das Sexualleben wieder in Schwung bringen. Ihre besondere Eigenschaft: Sie wirken blutgefäßerweiternd. Cayennepfeffer etwa enthält Capsaicin. Dieses fördert den Stoffwechsel und bringt die Blutzirkulation in Schwung. Cayennepfeffer kann übrigens auch einem hohen Cholesterinspiegel entgegenwirken, was vor Arteriosklerose schützt, die eine Hauptursache bei sexuellen Problemen ist. Aber auch andere Gewürze wie Ingwer oder Zimt regen die Blutzirkulation an.

Horny Horny ist ein neues Lifestyle-Getränk. Es beinhaltet unter anderem Maca, Ginseng und Rotklee. Das heißt, es ist nicht nur äußerst gesund, stimulierend und erfrischend, sondern auch ein Anti-Aging-Cocktail der besonderen Art.

Ein Candle-Light-Dinner für die Sinne

Sie möchten einen schönen Abend zu zweit verbringen, an dem Sie nicht nur ein delikates Essen genießen möchten, sondern im Anschluss daran auch Ihren Partner oder Ihre Partnerin?

Hier unser Menütipp:

Austern
mit eingelegten Essigzwiebeln
*****
Kartoffelschaum auf Brennnesselspinat
mit Beluga-Kaviar
*****
Bonitofilet in Sesammantel
auf süß-saurer Sauce
*****
Geeistes Melonensüppchen mit Haferflockenhippen
und Granatapfelsorbet

Für das Menü ist nun gesorgt. Wenn Sie nicht auf das romantische Ambiente mit Kerzenlicht und angenehmer Musik vergessen haben, dürfte einem wunderschönen Abend nichts mehr im Wege stehen.

Das Beispiel von Anthony Quinn

Anthony Quinn, den wir unter anderem aus Filmen wie „Der Glöckner von Notre Dame“ oder „Alexis Sorbas“ kennen, war nicht nur ein großartiger Charakterdarsteller, sondern liebte auch die Frauen bis ins hohe Alter. Er zeugte sogar mit über achtzig Jahren noch ein Kind. Und was aß er besonders gerne? Wildlachs mit gelben Tomaten (siehe Seite 180) und Austern! Wie wir wissen, sind diese zinkhaltig und Zink ist ein natürliches Aphrodisiakum (siehe Kapitel „Natürliche Aphrodisiaka“)!

7. Getränke des Lebens

Wasser – Die Kraft der Natur

Wasser ist geballte Kraft und Stärke. Wasser ist das höchste Gut, ohne das keine Pflanze, kein Tier und kein Mensch überleben kann. Es ist der Ursprung jedes Lebewesens, kurz: das Lebenselixier schlechthin.

Hinlänglich ist bekannt, dass man mindestens 1,5 Liter Wasser am Tag trinken sollte. Aber wer macht das schon? Wir legen Ihnen jedoch nahe, diesen Ratschlag zu befolgen. Noch immer werden das Wasser und dessen positive Auswirkungen weitgehend unterschätzt. Wasser spielt eine maßgebliche Rolle in allen biologischen Prozessen unseres Körpers. Mit knapp neunzig Prozent Anteil ist Wasser die Basis von Blut und Lymphflüssigkeit. Es hält die Haut frisch, die Muskeln stark und die Gelenke sowie Organe feucht. Zudem steuert es die Körpertemperatur. Hat man zuwenig Wasser im Organismus, fühlt man sich schlapp und müde, bekommt Kopfschmerzen, Schwindelanfälle, einen trockenen Mund und leidet an Appetitverlust. Dieses durchsichtige Getränk ist ein enorm wichtiger Bestandteil des Anti-Aging-Konzepts. Ist man einmal 65 Jahre oder älter, merkt man deutlich, ob der Körper immer genügend Wasser hatte. Menschen, die in diesem Alter noch immer jung und frisch aussehen, haben vermutlich stets acht Gläser Wasser am Tag getrunken. Sie leiden meist auch nicht an extremem Haarverlust oder durchsichtiger Haut.
Ein weiterer Grund, Wasser zu trinken, besteht in der dadurch verbesserten Verdauungstätigkeit. Falls Sie mit Verstopfung zu kämpfen haben, liegt es meistens an mangelnder Flüssigkeitszufuhr. Im Extremfall kann fehlende Flüssigkeit sogar Darmkrebs verursachen.

Für diejenigen, die abnehmen möchten, hält das Wasser noch einen Extrabonus bereit. Trinken Sie eine halbe Stunde vor jeder Mahlzeit ein Glas lauwarmes Wasser, damit zügeln Sie Ihren Appetit.

Wenn Sie das nächste Mal Gäste einladen oder allein mit Ihrer Familie zu Hause sind, stellen Sie doch einfach eine Karaffe mit frischem Wasser auf den Tisch. Das sieht nicht nur optisch gut aus, es kostet auch nichts. Bereitwillig wird jeder zugreifen.
Tipp: Lassen Sie den Wasserhahn einige Minuten laufen, bevor Sie die Kanne füllen, so schmeckt das Wasser frischer!

It's tea time

Der Tee besitzt eine weit zurückreichende Geschichte und in vielen Regionen der Erde hohe kulturelle Bedeutung. Bereits von Buddha wird berichtet, dass er ein begeisterter Teetrinker war. In Russland ist Teegenuss fest in der Kultur verankert. In fast jedem Theaterstück von Anton Tschechow, dem russischen Schriftsteller und Arzt, wird aus einem Samowar Tee gereicht. Russische Frauen behaupten sogar, dass Russischer Tee schöne Haut macht. Oder denken Sie an die Engländer, die ihr nachmittägliches Teetrinken zelebrieren.
Hunderte von Sorten stehen uns heutzutage zur Auswahl. Auch der Grüne Tee, der aus den Blättern des Teestrauches gewonnen wird, hat eine sehr lange Tradition als Kulturpflanze. Eine Mischung aus Schwarzem Tee und

Grünem Tee ist vor allem bei Indern sehr beliebt, um ihren Körper ganzheitlich zu entschlacken und zu entgiften. Abhilfe schafft dieser Tee auch bei Magenproblemen, Völlegefühl und Kreislaufproblemen. Sicherlich ist deren Art der Teemischung wesentlich konzentrierter. Man könnte fast sagen, dass sie einem Teesud gleicht. In China, dem Ursprungsland der Teepflanze, reicht die Tradition fast 5000 Jahre zurück. Noch heute gilt der Grüne Tee in Asien als wichtigstes Kulturgetränk. Das ist nicht verwunderlich, wenn man weiß, wie viele positive Wirkstoffe sich darin befinden. Dieser besondere Tee enthält unter anderem das Antioxidans Katechin. Katechin stärkt die Blutgefäße und schützt vor Herz-Kreislauf-Erkrankungen. Da das Koffein in natürlich gebundener Form vorliegt, kann Grüner Tee seine Wirkung sanft entfalten. Er enthält aber auch den Radikalfänger Vitamin C, der unter anderem auch das Immunsystem stärkt und Karies verhindert.

Grüner Tee gilt als wichtiges Entschlackungsmittel. Er bewahrt den Körper auch vor Gallen- und Nierensteinen. Aber auch äußerlich bringt uns der Grüne Tee auf Vordermann. Haben Sie eine lange, alkoholreiche Nacht hinter sich und bekommen morgens Ihre Augen kaum auf? Sie haben Augenringe und erkennen sich im Spiegel nicht mehr? Dann wird es Zeit nicht nur Grünen Tee zu trinken, sondern diesen auch aufzutragen. Das kann man übrigens genauso gut mit Russischem Tee machen. So erlebt Ihr Körper eine umfassende Regeneration!

Tipp: Tränken sie Watteböllchen in kalten Grünen oder Russischen Tee und legen Sie diese auf Ihre Augenringe. Je länger desto besser! Anschließend spülen sie Ihr Gesicht mit dem verbliebenen Tee ab. Das erfrischt Ihre Haut zusätzlich!

Milch – Kuh, Ziege, Esel oder Sojabohne?

So wie die Ziege ihrem Wesen und ihrer Ernährung nach ein Tier ganz besonderer Art ist, weicht der Geschmack ihrer Milch von jener der Kuhmilch ab. Der feine, herbsüßliche, manchmal mit Caprinsäure durchzogene Milchgeschmack ist ein hochwertiges Naturerzeugnis. Das Aroma hängt jedoch auch stark von der Fütterung des Tieres ab. Der etwas ungewohnte Geschmack sollte nicht Anlass zu negativen Vorurteilen geben. Ganz im Gegenteil! Es ist bewiesen, dass Ziegenmilch und deren Produkte günstigere Eigenschaften für den menschlichen Körper haben als Kuhmilch.

Die Eigenschaften der in der Ziegenmilch vorhandenen Eiweißstoffe Kasein und Albumin weichen von den in Kuhmilch vorhandenen ab. Deshalb wird von vielen Kuhmilchallergikern Ziegenmilch gut vertragen. Die ernährungsphysiologisch günstige Ziegenmilch hat aber noch andere Vorteile. Sie hat wesentlich weniger Fettanteil als Kuhmilch. Das macht sie bekömmlich und leicht verdaulich. Sie stärkt unser Immunsystem, wirkt krebsvorbeugend – vor allem bei Brust- und Prostatakrebs – und äußerst kräftigend. Ein thailändischer Urologe erzählte uns, dass man in seinem Land erst Prostatakrebs kennt, seitdem die erste Kuh dort eintraf.

Das Beispiel von Kaiserin Elisabeth

Kaiserin Sissi, die auf ihre Gesundheit sehr bedacht war, trank täglich frische Ziegenmilch. Kaiserin Elisabeth war ihrer Zeit in vielen Dingen voraus. Darum ist es nicht verwunderlich, dass sie intuitiv erkannte, dass Ziegenmilch und deren Produkte nicht nur gut schmecken, sondern auch einen wichtigen Beitrag zur gesunden Ernährung – oder wie wir sagen würden: Anti-Aging vom Feinsten – darstellen. Daher nahm Sissi auch immer zwei Malteserziegen auf ihre zahlreichen Reisen mit. Auf ihrem Speiseplan stand übrigens bevorzugt Schabziger, der hauptsächlich aus Ziegenfrischkäse besteht. Mehr dazu im Rezeptteil Seite 63!

Ein Nomadenvolk im indischen Rajastan ernährt sich in hohem Maße von Ziegenmilchprodukten. Im Vergleich zu den benachbarten Stämmen, die sich von Kuhmilchprodukten ernähren, setzt deren Hautalterung um zehn Jahre später ein.
Die Substanz, die sich in der Ziegenmilch befindet, nennt man Tissue-Growth-Factor. Dies ist ein wirksamer Wundheiler. Wegen ihrer positiven Eigenschaften sollte man seinen Gaumen unbedingt an diese Art von Milch gewöhnen.

Aber auch Eselsmilch ist sehr gesund. Denn den Tissue-Growth-Factor findet man auch dort. Eselsmilch wird aufgrund des niedrigen Energiegehalts auch als Nahrung für Kinder empfohlen. Allerdings muss dafür ein Zusatz von 2,5% Keimöl verwendet werden.

Schließlich ist Sojamilch eine gute Alternative. Allerdings darf sie bei uns nicht als Sojamilch sondern nur als Sojadrink bezeichnet werden. In Südostasien, China, Korea und Japan ist der Sojadrink für Milliarden von Menschen ein essenzieller Bestandteil der Ernährung. Die Sojamilch ist die Vorstufe des Tofu, der in einem komplizierten Verfahren hergestellt wird. Damit Ihr Sojadrink richtig gut schmeckt, kaufen Sie ihn am besten in einem Asia-Shop. Als Rahmersatz ist Sojamilch übrigens auch zu empfehlen, ebenso wie Ziegenmilch oder Kokosmilch.

Wein oder nicht Wein

Alkohol kann sowohl ins Verderben führen als auch, maßvoll genossen, sehr heilsam sein. Gleich vorab: Wein ist sehr gesund, insbesondere Rotwein.
Vor allem das Risiko bezüglich Herz-Kreislauf-Erkrankungen wird durch täglichen Genuss von Rotwein stark vermindert.

Die sogenannte Monika-Studie befasste sich eingehend mit Glück oder Leid des Rotweintrinkers. In 41 Städten wurden Statistiken erhoben. Der Studie zufolge hatten Männer in den USA und Kanada ein dreimal so hohes Infarktrisiko wie jene in Frankreich. Bei Frauen fiel der Vergleich noch erschreckender aus. So lebt eine Frau im schottischen Glasgow mit einer zwölfmal so hohen Wahrscheinlichkeit einem Herzinfarkt zu erliegen als eine Frau aus der südfranzösischen Stadt Toulouse. Der Rotweinkonsum der Franzosen stellt hierbei den entscheidenden Schutzfaktor dar, trotz deren reichhaltigem Konsum an ungesunden Fettsäuren und Nikotin. Diese Ergebnisse wurden auch in dänischen und israelischen Studien belegt, sodass die Weltgesundheitsorganisation WHO ein bis zwei Achtel Wein täglich für Frauen und zwei bis drei Achtel Wein täglich für Männer empfiehlt. (Die unterschiedliche Dosierung kommt daher, dass sich Alkohol nur im Körperwasseranteil verteilt, nicht aber im Fettgewebe. Bei Frauen wird Alkohol überdies schlechter abgebaut.)

Rotwein birgt bis zu 130 Inhaltsstoffe. Dabei handelt es sich nicht bloß um Vitamine und Mineralien, sondern auch um sekundäre Pflanzeninhaltsstoffe, wobei die Flavonuide die größte Rolle spielen. Unter den Flavonuiden ist der wichtigste Wirkstoff das Resveratrol. Man findet diese Substanz in der Weintraubenschale. Die eigentliche Aufgabe dieser Substanz ist, die Weintraube vor Pilzen und zu hoher Sonnenbestrahlung zu schützen. Doch sie ist auch für den Menschen nutzbar, nämlich als starker Radikalfänger.
Interessanterweise hat Rotwein einen höheren Resveratrolgehalt als Weißwein. Besonders hoch ist er übrigens im chilenischen Wein. Er reift in einem optimalen Klima. Die Trauben bevorzugen warme, sonnige Tage und feuchte, kühle Nächte. Der Humboldtstrom, der an der Westküste Südamerikas entlang fließt, arbeitet durch seinen intensiven Einfluss auf das Klima der Region an der optimalen Reifung der Trauben mit.

Rotwein verringert das Risiko von Herz-Kreislauf-Erkrankungen drastisch. Durch die Wirkung des Resveratrols wird überdies das Wachstum von Krebszellen verlangsamt oder gar verhindert. Auch der Cholesterinspiegel wird durch diese Substanz gesenkt. Indem Resveratrol auf unser Zentralnervensystem wirkt, beugt es auch gegen Alzheimererkrankungen vor und vermindert das Risiko altersbedingter Augenerkrankungen. Resveratrol schützt auch Gefäße vor beschleunigten Alterungsprozessen.

Die älteste Frau der Welt war eine Französin namens Jeanne Calment, die jeden Tag ein Glas Rotwein trank und 122 Jahre alt wurde.

Rezepte

Vom Arzt empfohlen,
vom Koch zubereitet.

Couvert

Kürbiskernaufstrich

½ kg Ziegentopfen (oder Ziegefrischkäse)
2 EL gehackte Petersilie
1 Bund Schnittlauch
5 EL Kürbiskernöl
50 g geröstete, gehackte Kürbiskerne
1 Msp. Cayennepfeffer
1 TL Kümmel, gemahlen
Meersalz aus der Mühle

- Ziegentopfen durch ein feines Passiersieb streichen, mit Kürbiskernöl glatt rühren, mit Salz und Cayennepfeffer würzen, Kümmel und gehackte Kürbiskerne einarbeiten und für einige Zeit in einem verschließbaren Behälter im Kühlschrank ziehen lassen.
- Kurz vor dem Servieren mit fein geschnittenem Schnittlauch und Petersilie verfeinern.

Rotklee-Pesto

100 g frischer Rotklee
150 g frisches Basilikum
150 g Pinienkerne
250 ml kaltgepresstes Olivenöl
4 Knoblauchzehen
Meersalz und Pfeffer aus der Mühle

- Die Kräuter gut waschen, Blätter von den Stielen entfernen und mit Küchenkrepp trocken tupfen.
- Olivenöl mit Rotklee, Basilikum, Knoblauch, Salz und Pfeffer aus der Mühle pürieren oder in einem Mörser fein zerstampfen.
- Die Pinienkerne ohne Fett in einer Pfanne hellbraun rösten, zu den Kräutern geben und noch einmal fein pürieren.

Tipp des Arztes: Rotklee, wie auch Soja, beinhaltet ein enorm breites Spektrum an Isoflavonen. Durch deren Wirkung auf die Steroidrezeptoren sowie ihre starke antioxidative Potenz sind sie eine wesentliche Ursache dafür, dass die asiatische Kost eine ideale Anti-Aging-Ernährung darstellt.

Kaiserin Elisabeths Rezept – Schabziger

½ kg Ziegenfrischkäse

1 EL fein gehackte Samen vom Boxhornklee

1 TL fein gehackter Kreuzkümmel

50 g Rotkleeblätter, fein gehackt

4 EL Olivenöl

Meersalz und schwarzer Pfeffer aus der Mühle

- Ziegenfrischkäse durch ein feines Passiersieb streichen, salzen und pfeffern und mit den restlichen Zutaten gut vermengen.
- In ein geschlossenes Gefäß geben, mit einigen Tropfen Olivenöl beträufeln und für mindestens zwei Tage im Kühlschrank marinieren lassen.

Mein Tipp: Je länger Sie den Schabziger marinieren lassen, desto intensiver wird der Geschmack!

Roter

- Die ofengetrockneten Tomaten mit Tomaten-Consommé aufkochen und einreduzieren, bis die Flüssigkeit fast komplett eingekocht ist, dann auskühlen lassen.
- Sesam mit Tomaten, Tomatenmark, der gehackten roten Minze und Olivenöl im Mörser oder Mixer grob zerstampfen.
- Mit Paprikapulver, Meersalz und Pfeffer würzen und für einige Stunden ziehen lassen.

10 ofengetrocknete Tomaten (siehe Seite 164)
1/8 l Tomaten-Consommé (siehe Seite 82)
2 EL schwarzer Sesam
2 EL Tomatenmark
1/16 l Olivenöl
1 TL edelsüßes Paprikapulver
1 Zweig rote Minze
Meersalz und Pfeffer aus der Mühle

Grüner Tomatenaufstrich

10 grüne Tomaten, geschält, geviertelt und entkernt
1 Bund Basilikum
1/8 l Tomaten-Consommé (siehe Seite 82)
1/16 l Olivenöl
80 g Sonnenblumenkerne
Meersalz und Pfeffer aus der Mühle

- Die vorbereiteten grünen Tomaten mit Tomaten-Consommé aufkochen und einreduzieren, bis die Flüssigkeit fast komplett eingekocht ist, dann auskühlen lassen.
- Die Sonnenblumenkerne ohne Fett in einer Pfanne hellbraun rösten, fein hacken und mit den Tomaten, gehacktem Basilikum und Olivenöl im Mörser oder Mixer grob zerstampfen.
- Mit Meersalz und Pfeffer würzen und für einige Stunden ziehen lassen.

Tomatenaufstrich

Oliven-Dip

100 g schwarze Kalamata-Oliven
100 g grüne Queens-Oliven
4 Schalotten, in kleine Würfel geschnitten
1 Chilischote
2 Zweige Koriandergrün
2 Zweige Basilikum
60 g grüne Tomaten, geschält und entkernt
60 g rote, ofengetrocknete Tomaten (Seite 164)
4 EL Olivenöl
1/16 l weißer Balsamico-Essig
Meersalz und Pfeffer aus der Mühle

- Die Oliven halbieren, entkernen und in kleine Würfel schneiden. Chilischote halbieren, das Gehäuse entfernen, gut waschen, trocken tupfen und anschließend in feine Streifen schneiden.
- Die grünen sowie die ofengetrockneten Tomaten in Würfel schneiden, Kräuter hacken und alle Zutaten gut verrühren.
- Mit Salz und Pfeffer abschmecken.

Mein Tipp: Probieren Sie doch einmal die Aufstriche sowie den Oliven-Dip mit Knabbergebäck anstelle von herkömmlichen Chips und Knabbersachen!

Rote Paprikamousse mit Vanillefenchel und gebratenen Poweraden

- Die roten Paprikaschoten mit etwas Olivenöl und Thymian auf einem Blech im Backrohr bei 150 °C für 12–15 Minuten vorgaren.
  Aus dem Ofen nehmen und noch im warmen Zustand schälen.
  Mit den fein geschnittenen Schalotten in einem Viertel Liter Wasser, Sojamilch, Weißwein und Portwein so lange dünsten, bis die Paprika weich sind und die Flüssigkeit zu zwei Drittel einreduziert ist.
  Zitronensaft beifügen, mit Salz, Rohrzucker und Cayennepfeffer würzen, pürieren, durch ein Passiersieb streichen und noch im warmen Zustand mit den in kaltem Wasser eingeweichten Gelatineblättern vermengen.
- Das steifgeschlagene Eiweiß vorsichtig unter die gerade sich verfestigende Masse heben, in kleine, konische Formen abfüllen und abgedeckt für mindestens 5–6 Stunden im Kühlschrank stehen lassen.
- Die Formen beim Anrichten in heißes Wasser tauchen und den Inhalt heraus stürzen.
- Den Strunk von den Fenchelknollen entfernen und die Knolle in hauchdünne Scheiben schneiden.
  Fein geschnittene Schalotten in einer kleinen Sauteuse mit Rapsöl glasig anschwitzen, mit Champagneressig und Pernod ablöschen und mit Tomaten-Consommé aufgießen.
  Das Mark der Vanilleschote, Rohrzucker und die Fenchelscheiben beigeben, aufkochen lassen, in ein Einkochglas gießen, gut verschließen und für ca. 15 Minuten im Ofen bei 100 °C ziehen lassen.

Mein Tipp: Das Fenchel-Vanillegemüse ist, wenn es in dieser Form zubereitet und eingemacht und zusätzlich an einem dunklen, kühlen Ort gelagert wird, über mehrere Monate haltbar. Die Qualität und der Geschmack, so werden Sie spüren, werden mit der Zeit sogar noch intensiver und besser!

So putzen Sie Poweraden: Die Blätter der Poweraden entfernen und den Stiel auf eine Länge von 3–4 Zentimeter kürzen. Mit einem kleinen, scharfen Messer den äußeren, fasrigen Teil des Stieles entfernen.
Anschließend das sich im Inneren der Powerade befindende „Heu" mit einem Parisienne-Ausstecher auskratzen, mit Zitronensaft und Olivenöl einreiben und in leicht gesalzenes, kochendes Wasser mit Weißwein, einem Schuss Olivenöl, Zitronensaft und einem Lorbeerblatt einlegen. Kurz überkochen, vom Herd nehmen und 3–4 Minuten ziehen lassen. Trocken tupfen, halbieren, mit Meersalz würzen und in einer heißen Pfanne mit etwas Olivenöl und Thymian unter mehrmaligem Wenden goldgelb anbraten.

- Das Paprikamousse zusammen mit den warmen Poweraden, Vanillefenchel und Friséesalat anrichten und mit einer Marinade aus Balsamico-Essig, Olivenöl, Meersalz und Pfeffer aus der Mühle nappieren.

Für vier Personen:

Für die Paprikamousse:

4 rote Paprikaschoten, geviertelt und entkernt

3 Thymianzweige

Olivenöl

2 Schalotten

½ l Sojamilch

5 Gelatineblätter

3 Eiweiß

⅛ l Weißwein

6 cl weißer Portwein

½ Zitrone

Cayennepfeffer, Meersalz und brauner Rohrzucker

Kerbel und Friséesalat zum Garnieren

Etwas Balsamico-Essig und Olivenöl für die Marinade

Für den Vanillefenchel:

4 kleine, zarte Fenchelknollen

3 Schalotten

1 Vanilleschote

2 EL Rapsöl

2 EL Champagneressig

2 EL brauner Rohrzucker

½ l Tomaten-Consommé (siehe Seite 82)

4 cl Pernod

Meersalz und ganze Korianderkörner

Für die gebratenen Poweraden:

8 Poweraden (junge, kleine Artischocken mit Stiel)

6 EL Olivenöl

⅛ l Weißwein

1 Lorbeerblatt

2 Zweige frischer Thymian

1 Zitrone

Mit Basilikum-Perlweizen gefüllter Paprika

- Die roten und gelben Paprikaschoten gut waschen, abtupfen und mit etwas Olivenöl und Thymian auf einem Blech im Backrohr bei 150 °C für 12–15 Minuten vorgaren.
  Aus dem Ofen nehmen und noch im warmen Zustand schälen. Die Paprika der Länge nach einschneiden und das Kerngehäuse vorsichtig entfernen.
- Basilikum und Petersilie gut waschen, von den Stielen befreien und in leicht gesalzenem Wasser für 2–3 Sekunden überkochen, mit kaltem Wasser abschrecken und anschließend trocken tupfen.
  Die Kräuter fein hacken und mit ca. 8 Esslöffeln Olivenöl zu einer Kräuterpaste mixen.

Für vier Personen:

4 kleine rote Paprika
4 kleine gelbe Paprika
2 frische Thymianzweige
Rucolasalat
Balsamico-Essig
100 g Perlweizen (z.B. von Ebli)
2 Schalotten, in kleine Würfel geschnitten
1 mittelgroße Gelbe Rübe
1 Bund frischer Basilikum
1 Zweig frische Petersilie
1/8 l Olivenöl
1/4 l Tomatenfond (siehe Seite 165)
Salz und Pfeffer aus der Mühle

- Perlweizen in kaltes Wasser geben und für ca. 2 Stunden quellen lassen.
  Gelbe Rübe waschen, schälen und in kleine Würfel schneiden.
  Schalotten mit etwas Olivenöl glasig anrösten.
  Perlweizen abtropfen lassen und mit den Würfeln der Gelben Rübe zu den Schalotten geben.
  Mit einem 1/8 Liter des Tomatenfonds aufgießen.
  In geschlossenem Gefäß für 8 Minuten leicht köcheln lassen, mit Salz und Pfeffer würzen und mit der Kräuterpaste vermengen.
- Die Paprika mit dem Perlweizen füllen, mit etwas Olivenöl und dem restlichen Tomatenfond in eine Kasserolle legen und mit Backpapier zugedeckt für 15–20 Minuten im Backofen bei 165 °C schmoren lassen.
- Aus dem Ofen nehmen, im lauwarmen Zustand mit Rucolasalat anrichten und mit Kräuteröl und Balsamico-Essig marinieren.

Austern

mit eingelegten Essigzwiebeln – Casanovas Rezept

Für vier Personen:

Für die Austern:

12 Belons-Austern

Saft von einer Zitrone

2 Limetten

Für die eingelegten Essigzwiebeln:

4 weiße Zwiebeln, in Streifen geschnitten

$^{1}/_{16}$ l Champagneressig

$^{1}/_{16}$ l Weißwein

2 EL brauner Rohzucker

10–15 Stk. Safranfäden

2 frische Lorbeerblätter

10 Korianderkörner

Meersalz und Pfeffer aus der Mühle

Tipp des Arztes: Casanova, der sein Leben der Liebe zu zahlreichen Damen widmete, besaß ein äußerst wirksames Rezept, das ihm ermöglichte, seine Männlichkeit stets aufs Neue erproben zu können. Vor dem Liebesspiel aß er oft Austern, die stark zinkhaltig und somit ein natürliches Aphrodisiakum sind.

Vorbereiten der Austern:

Um an das Fleisch der Austern heranzukommen, müssen Sie diese öffnen, was nicht ganz leicht geht. Wichtigstes Küchengerät dafür ist das Austernmesser. Ein spezieller Austernhandschuh schützt zwar die Hand, ist aber sehr teuer. Ein dickes Küchenhandtuch genügt auch. Legen Sie die Auster mit der gewölbten Fläche nach unten in die Hand oder auf die Arbeitsfläche und halten Sie diese fest. Mit dem Austernmesser am Scharnier, das ist die abgerundete Seite, einstechen und den Muskel durchtrennen.
Mit dem Messer rundherum fahren, die obere Schale abheben. Dabei darauf achten, dass die in der Schale enthaltene Flüssigkeit nicht verloren geht. Am besten Sie halten die Auster dabei die ganze Zeit waagerecht.

- Je die Hälfte des Champagneressigs und Weißweins in zwei kleinen Töpfen aufkochen. Die Zwiebeln teilen, sodass in beiden Töpfen die selbe Menge ist.
  Mit je einem Lorbeerblatt, Korianderkörnern, etwas Meersalz und Pfeffer aus der Mühle würzen. In einem der Töpfe die Safranfäden beigeben.
  In Einkochgläser abfüllen und für ca. eine Stunde im Ofen bei 90 °C garen lassen.
  Abkühlen und am besten noch für einige Tage im Glas marinieren lassen.
- Um die aufgebrochenen Austern von Schale, Sand und Splittern zu befreien, einen Pinsel in Zitronenwasser (2/3 Wasser, 1/3 Zitronensaft) tauchen und die Austern damit ausstreichen.

Die Austern auf gehacktem Eis, mit dünnen Limettenscheiben und den zweierlei eingelegten Essigzwiebeln servieren.

Mein Tipp: Die Muscheln müssen frisch vom Markt und immer geschlossen sein. Wichtig ist auch, sie gut gekühlt zu lagern und sie so schnell wie möglich zu verarbeiten.

Beilagenempfehlung: Pumpernickelbrot und Champagner

Gesulzte Avocadoterrine

- Die Avocados schälen, halbieren, den Kern entfernen und in ca. einen halben Zentimeter dicke Scheiben schneiden.
  Salzen, pfeffern und mit dem Saft der Limette beträufeln.
- Tomaten-Consommé zur Hälfte einkochen, Noilly Prat, ofengetrocknete Tomaten, Basilikum und Kerbel dazugeben und für einige Minuten am Siedepunkt ziehen lassen.
  Die zuvor in kaltem Wasser eingeweichten Gelatineblätter im Tomatenfond auflösen und Kräuter entfernen.
- Abwechselnd Tomaten, Thymianblätter und Avocados in eine kleine, mit Frischhaltefolie ausgekleidete Terrinenform einlegen.
  Mit dem übriggebliebenen Fond aufgießen und für 5–6 Stunden im Eisschrank kühl stellen.
  Aus der Form stürzen und am besten mit einem Elektromesser oder mit einem in heißes Wasser getauchten Messer gleichmäßige, ca. anderthalb Zentimeter dicke Scheiben schneiden.
- Das Felchenfilet von Gräten befreien. Mit Zitronensaft säuern, mit Koriander würzen und in eine leicht mit Olivenöl befettete, feuerfeste Form legen. Die Filets mit einem Pinsel mit Olivenöl bestreichen. Die Form mit Backpapier luftdicht abschließen und im vorgewärmten Backrohr bei 80 °C für etwa 12 Minuten garen lassen. Auf Küchenkrepp trocken tupfen, die Haut vorsichtig abziehen, mit etwas Meersalz und Koriander würzen und anrichten.
- Die Kartoffel schälen und durch ein feines Passiersieb streichen. Die restlichen Zutaten hinzugeben und mit einem Schneebesen zu einer glatten Masse verarbeiten. Abschließend mit Meersalz und Pfeffer aus der Mühle abschmecken.

Tipp des Arztes: Die Avocado beinhaltet in großen Mengen gute Fette, welche wiederum gute Eicosanoide erzeugen. Sie sind sozusagen hochwertiges Öl im Getriebe der Zellen.

mit Felchen und deren Kaviar

Für vier Personen:

Für die Avocadoterrine:

2 reife Avocados

4 ofengetrocknete Tomaten (siehe Seite 164)

1 Zweig Kerbel

1 Zweig Basilikum

1 Zweig Thymian

1 Limette

8 Gelatineblätter

½ l Tomaten-Consommé (siehe Seite 82)

4 cl Noilly Prat

Meersalz und Pfeffer aus der Mühle

Für Felchen und Kaviar:

4 kleine Felchenfilets

40 g Felchenkaviar

2 EL Olivenöl

1 EL Zitronensaft

Koriander aus der Mühle

Grobes Meersalz

1 Zweig Dill zum Garnieren

Für die Joghurtcreme:

1 kleine, gekochte mehlige Kartoffel

3 EL Champagneressig

3 EL Olivenöl

4 EL Ziegenjoghurt

1/16 l Geflügelfond (siehe Seite 163)

Salz und Pfeffer aus der Mühle

Rohmarinierter Lachs

mit Zitronengras

Für vier Personen:

400 g schottisches Wildlachsfilet
3 Limetten
2 EL brauner Rohrzucker
2 Stängel Zitronengras
3 Zweige Minze
6 EL Fischsauce (im Asia-Shop erhältlich)
2 Schalotten
5 Blätter von der Kaffirlimette, in ganz feine Streifen geschnitten
Meersalz, Pfeffer und Koriander aus der Mühle

- Rohrzucker, Saft von drei Limetten, fein gehackte Minze und Fischsauce in einem kleinen Gefäß miteinander vermengen und mit Pfeffer, Koriander und Meersalz abschmecken.
- Das Lachsfilet entgräten und in hauchdünne Scheiben schneiden. Die Lachsscheiben nebeneinander auf einen flachen Teller legen, mit der Marinade dünn nappieren und diese gleichmäßig verteilen. Anschließend die Schalotten, das untere Drittel der Zitronengras-Stängel und die Kaffirblätter in hauchdünne Scheiben und Streifen schneiden und über den Lachs streuen.

Mein Tipp: Kleingezupften, marinierten Blattsalat und Jungzwiebel dazu servieren!

Tacchino

Mit Thunfischsauce marinierte Truthahnbrust

- Schalotten mit Weißwein, Geflügelfond, Karotte, Lorbeerblatt, Zitronenschale, Sternanis, Gewürznelken und etwas Koriander in einem kleinen Topf zum Kochen bringen. Die Temperatur des Herdes so regeln, dass der Fond ganz leicht köchelt. Wenn fast die komplette Flüssigkeit eingekocht ist, den Inhalt in ein feines Passiertuch leeren. Den daraus gewonnen Gemüse-Gewürzfond nochmals kurz erhitzen und solange einkochen, bis nur noch die Menge von drei Esslöffeln übrig ist.
- Die Truthahnbrust auf eine doppelt gefaltete Aluminiumfolie legen, mit der Marinade einreiben und mit Meersalz, Pfeffer und Koriander leicht würzen.
  Die Aluminiumfolie einschlagen und im Rohr bei ca. 120 °C für etwa 2 Stunden im eigenen Saft schmoren lassen. In der Folie einen Tag lang im Kühlschrank ziehen lassen.
- Thunfisch in kleine Würfel schneiden und mit etwas Olivenöl anschwitzen.
  Weißwein, Geflügelfond, Sardellenfilets und Kräuter hinzugeben und einige Minuten leicht köcheln lassen. Erkalten lassen und die Kräuter entfernen.
  Zusammen mit einem Esslöffel Kapern, dem Saft einer Zitrone, Tomaten und den Eigelb in einem Mixbecher fein pürieren. Dabei nach und nach die 150 ml Olivenöl einfließen lassen und so zu einer sämigen Sauce rühren. Mit Salz und Pfeffer abschmecken.
- Truthahnbrust in möglichst dünne Scheiben schneiden und auf einem Teller auflegen, mit der Thunfischsauce nappieren und mit den halbierten Kapernbeeren und Feldsalat garnieren.

Beilagenempfehlung:
Vollkornbrot und Sesam-Knabbergebäck (siehe Seite 173)

Tonnato

Für vier Personen:

Für den Truthahn:

½ kg Truthahnbrust

1 Karotte, in Würfel geschnitten

1 Sternanis

2 Gewürznelken

2 Schalotten, geschält und in kl. Würfel geschnitten

1 Lorbeerblatt

½ unbehandelte Zitrone

½ l trockener Weißwein

½ l Geflügelfond (siehe Seite 163)

Koriander aus der Mühle

Meersalz und Pfeffer aus der Mühle

Für die Thunfischsauce:

½ l trockener Weißwein

½ l Geflügelfond

3 EL Kapern

150 g Thunfisch, frisch oder aus der Dose

2 eingelegte Sardellenfilets

1 Zweig Basilikum

1 Lorbeerblatt

3 ofengetrocknete Tomaten (siehe Seite 164)

2 Eigelb

150 ml Olivenöl

3 EL weißer Balsamico-Essig

10 Stk. Kapernbeeren

und etwas Feldsalat zur Garnierung

Rosa gebratene Barbarie-Entenbrust-Scheiben auf pikantem Sprossensalat

Für vier Personen:

Für die Entenbrust:

2 Barbarie-Entenbrüste à 220 g

2 EL Traubenkernöl

Für die Marinade:

1 Stange Zitronengras, in feine Streifen geschnitten

1 EL Sojasauce

1 EL Honig

Ingwer, frisch gerieben

Für den Salat:

1 kleiner Kopf Friséesalat

3 EL dunkler Balsamico-Essig

1/8 l süß-saure Sauce (siehe Seite 166)

2 Chilischoten

100 g Erbsenschoten

100 g Sojasprossen

2 kleine Schalen Kressemix

50 g Sprossenmix

1 Karotte

1 Gelbe Rübe

4 EL Sesamöl

Frischer Koriander

Pfeffer und Meersalz aus der Mühle

- Entenbrust gegebenenfalls von Fett, Knorpeln und Sehnen befreien, die Haut mit einem scharfen Messer in feinem Karo-Muster einschneiden und für eine halbe Stunde mit der Fleischseite nach unten in der Marinade einlegen. Mit Küchenkrepp abtupfen und in einer heißen Pfanne mit etwas Traubenkernöl anbraten. Anschließend mit der Hautseite nach unten für ca. 5 Minuten im Rohr bei 180 °C fertig braten. Die Entenbrust wenden und noch einige Minuten ruhen lassen.
- Das Fett aus der Pfanne abgießen und mit der restlichen Marinade aufgießen. Beim Anrichten die Entenbrust quer zur Faser hauchdünn aufschneiden und mit der Marinade nappieren.
- Das Gemüse gut waschen, Karotte, Gelbe Rübe und Erbsenschoten in feine Streifen schneiden und mit den Sojakeimen in leicht gesalzenem Wasser kurz überkochen. Mit kaltem Wasser abschrecken, das Wasser abschütten und das Sprossengemüse leicht abtupfen. Mit der lauwarmen süß-sauren Sauce übergießen und die entkernten und in feine Streifen geschnittenen Chilischoten hinzufügen.
- Sprossensalat, Kresse, die restlichen Sprossen und den fein gezupften Friséesalat zu einem schönen Bouquet anrichten, mit Balsamico-Essig, Sesamöl, Salz und Pfeffer marinieren und mit der in dünne Scheiben geschnittenen Entenbrust und etwas frisch gezupftem Koriander vollenden.

- Die Hagebutten halbieren, entkernen und in kochendes Honigwasser einlegen, vom Herd nehmen und in der Flüssigkeit auskühlen lassen.
- Die Taubenbrüste entbeinen und den ersten Flügelknochen von Fleisch und Sehnen befreien.
- Alle Zutaten für die Marinade aufkochen, abkühlen lassen und die Taubenbrust für ca. eine halbe Stunde mit der Hautseite nach oben in der kühlen Marinade einlegen. Die Brüste auf Küchenkrepp trocken tupfen und in einer vorgewärmten Pfanne mit dem Rosmarinzweig und Traubenkernöl für 3–4 Minuten beidseitig rosa braten. In eine Folie einwickeln und einige Minuten ruhen lassen. Die Marinade zu den Bratrückständen gießen, kurz aufkochen lassen. Durch ein feines Passiersieb seihen, abkühlen lassen und mit dem Trüffelöl sorgfältig verrühren.
- Den Staudensellerie schälen und im rohen Zustand in hauchdünne, längliche Scheiben schneiden. Auf einem Teller nebeneinander auflegen.
- Einen Löffel vom Sellerie-Chutney sowie die halbierte Taubenbrust darauf geben.
- Mit Löwenzahnsalat, Scheiben von den schwarzen Nüssen und der Hagebutte garnieren und abschließend mit der Trüffelölmarinade übergießen.

Für vier Personen:

Für die Taubenbrust:

4 Taubenbrüste
2 EL Traubenkernöl
1 Zweig Rosmarin
1 Glas eingelegte schwarze Walnüsse (siehe Seite 168)
1 Stk. Staudensellerie
1 Glas Chutney vom Knollensellerie (siehe Seite 169)
1 Bund Löwenzahnsalat
10 Stk. Hagebutten
2 EL Trüffelöl

Für die Marinade:

3 EL Nussöl
3 EL Balsamico-Essig
1 TL Honig
6 cl roter Portwein
Meersalz und Pfeffer aus der Mühle

Glacierte Taubenbrust
mit zweierlei Sellerie und Trüffelöl

Tomaten-Consommé

Für ca. 5 Liter:

Für die Tomaten-Consommé:

150 g Karotten, in Würfel geschnitten
100 g Knollensellerie, in Würfel geschnitten
100 g Staudensellerie, in Würfel geschnitten
1 kleines Stück Fenchel, in dünne Streifen geschnitten
300 g Schalotten, in Streifen geschnitten
2 Knoblauchzehen
1 kg vollreife Tomaten
3 kg geschälte Tomaten aus der Dose
12 Eiweiß
1 TL Korianderkörner
1 TL weiße Pfefferkörner
3 Lorbeerblätter
5 Wacholderbeeren
2 EL brauner Rohrzucker
1 Zweig Petersilie
1 Bund Basilikum, nur die Stängel
(die Blätter werden für die Nockerl benötigt)
2 kg Eiswürfel
Meersalz

Für die Einlage:

2 Tomaten

Für die Tofu-Basilikum-Nockerl:

100 g Tofu
60 g Ziegenfrischkäse
5–6 Blätter frisches Basilikum, in dünne Streifen geschnitten
1 EL Olivenöl
2 EL Pinienkerne, fein gehackt
Frisch geriebene Muskatnuss
2 Eigelb
2 EL Gries
Meersalz und weißer Pfeffer aus der Mühle

- Die geschälten Tomaten mit den frischen, in Würfel geschnittenen Tomaten vermengen, leicht salzen und gründlich verkneten.
- Karotten, Knollensellerie und Staudensellerie durch den mit einer mittleren Scheibe versehenen Fleischwolf drehen. Tomatenmasse, faschiertes Gemüse, Fenchel, Schalotten sowie Gewürze und Kräuter in einem großen Topf sorgfältig zu einem dicken Brei vermengen. Damit sich das Aroma ideal entwickeln kann, sollte man die Masse über Nacht im Kühlschrank stehen lassen, mindestens jedoch für eine Stunde.
- Eiswürfel, Eiweiß und 5 Liter Wasser unterrühren. Dann auf großer Flamme unter ständigem Rühren zum Sieden bringen. (Vorsicht, das Eiweiß setzt sich leicht am Boden an!) Am Siedepunkt für ca. 5 Stunden ziehen lassen. Durch ein Passiertuch oder ein feines Sieb seihen und abschmecken.
- Tomaten einschneiden, in kochendem Wasser für 3 Sekunden blanchieren und mit kaltem Wasser abschrecken. Schälen, entkernen und in einen Zentimeter große Würfel oder Rauten schneiden.
- Den Tofu und den Ziegenfrischkäse durch ein feines Passiersieb streichen und mit den restlichen Zutaten zu einer dicken Masse verarbeiten. Mit Pfeffer und Meersalz würzen. Dann mit zwei Dessertlöffeln zu Nockerln formen und abgedeckt für ca. eine halbe Stunde im Kühlschrank rasten lassen. In gesalzenes, leicht kochendes Wasser einlegen und ca. 10 Minuten am Siedepunkt ziehen lassen.

Tipp des Arztes: Die italienische Renaissance hat gewusst, warum sie die Tomate als „pomo d`oro“, als goldenen Apfel bezeichnet hat. Lycopen, ein Wirkstoff der Tomate, ist ein natürliches Karotinoid, das in letzter Zeit aufgrund seiner starken antioxidativen Wirkung viel Aufmerksamkeit erregt hat.

mit Tofu-Basilikum-Nockerln

Mein Tipp: Diese Rezeptur ergibt etwa fünf Liter. Da Sie diese Suppe in mehreren meiner Rezepte zum Aufgießen und Verfeinern benötigen, empfehle ich Ihnen, die restlichen rund vier Liter in kleine Mengen aufzuteilen und so tiefzukühlen.

Kürbis-Orangen-
mit jungem Ingwer

Für vier Personen:

750 g Kürbis, geschält, entkernt und in kleine Würfel geschnitten

1 Stück Ingwerwurzel (ca. 40 g), geschält und in dünne Scheiben geschnitten

100 g Schalotten, geschält und in Streifen geschnitten

2 EL Olivenöl

1 Stück Sternanis

2 TL Currypulver

Saft von 8 Orangen (ein Viertel davon für die Einlage)

1 l Hühnerfond

½ l Sojamilch

Meersalz und weißer Pfeffer aus der Mühle

- 100 Gramm des Kürbisses für die Zubereitung der Einlage extra fein schneiden und kurz in Orangensaft erhitzen. In der Flüssigkeit an einem warmen Platz stehen lassen.
- Olivenöl, Schalotten und das Kürbisfruchtfleisch in einem Topf angaren. Curry, Sternanis und Ingwer kurz mitschwenken. Mit Orangensaft und Geflügelfond aufgießen, für ca. eine halbe Stunde leicht köcheln lassen. Dann Sojamilch beigeben und mit Meersalz und weißem Pfeffer aus der Mühle würzen. Nochmals für einige Minuten kochen lassen. Sternanis aus der Suppe nehmen, mit einem Pürierstab mixen und durch ein feines Sieb seihen. Zuletzt abschmecken und vor dem Anrichten nochmals mit dem Pürierstab aufschäumen.

Mein Tipp: Die angerichtete Cremesuppe mit gehackten, gerösteten Kürbiskernen und Kürbiskernöl verfeinern!

Schaum-Suppe

Bouillabaisse
von heimischen Fischen

Für acht Personen:

Die Fische:

400 g Reinankenfilet
400 g Seeforellenfilet
400 g Zanderfilet
1 mittelgroßer Hecht

Für die Bouillabaissebasis:

2 l Tomatenfond (siehe Seite 165)
4 EL Olivenöl
4 Schalotten, in Würfel geschnitten
2 Knoblauchzehen
2 Stück Sternanis
Koriander aus der Mühle
1 Prise Cayennepfeffer
1 g Safranfäden
Meersalz

Für die Einlage:

8 Jungzwiebeln
2 Tomaten, blanchiert, gehäutet und entkernt
2 kl. Fenchelknollen
4 festkochende Kartoffeln
3 Zweige frischer Thymian
1 Zweig frischer Estragon
2 Zweige frische Petersilie
2 Zweige frische Dille
30 ml weißer Portwein
30 ml Pernod
1 TL Pastis
4 EL Olivenöl

- Den Hecht filetieren und häuten. Zusammen mit den anderen Filets unter fließendem, kaltem Wasser waschen, von Gräten befreien und auf Küchenkrepp trocken tupfen. Anschließend in ca. anderthalb Zentimeter breite Stücke schneiden.
- Den Tomatenfond zusammen mit Knoblauch, Sternanis, etwas Koriander, den Karkassen (Fischknochen vom Hecht) und den Abschnitten der restlichen Fische zum Kochen bringen. Die Hitze so regulieren, dass sich der Fond ca. 1 Stunde gerade am Siedepunkt befindet. Den beim Kochen entstehenden Schaum mit einem feinen Sieb abschöpfen. Anschließend den Fond vorsichtig durch ein feines Tuch passieren (schöpfen, nicht gießen).

in der Terrine

Fenchel in feine Streifen schneiden, Kartoffeln schälen, halbieren und in längliche Stücke schneiden und die Jungzwiebeln der Länge nach vierteln. Olivenöl in einem Topf erwärmen, Fenchel und Jungzwiebeln glasig anschwitzen, Kartoffeln beigeben und mit Portwein, Pernod und Pastis ablöschen. Mit ²⁄₃ des Bouillabaissefonds aufgießen. Mit Safranfäden und Cayennepfeffer würzen, einige Minuten leicht köcheln lassen und in die vorgewärmte Suppenterrine umgießen.

Die gesalzenen, mit Koriander aus der Mühle gewürzten Fischwürfel und die Tomaten auf das Gemüse legen, mit den frischen Kräutern bestreuen und mit dem restlichen Fond aufgießen. Den Deckel aufsetzen und für 10–15 Minuten im vorgeheizten Backrohr bei 180 °C pochieren lassen.

Beilagenempfehlung: Frisch überbackenes Knoblauch-Vollkornbrot.

Mein Tipp: Diese Rezeptur ist ausreichend als Hauptgang für vier Personen!

Pikante Hühnersuppe

Für vier Personen:

½ l Hühnerfond

½ l Kokosmilch

2 Stangen Zitronengras

50 g Galgantwurzel (Die Galgantwurzel ist dem Ingwer sehr ähnlich, jedoch viel milder im Geschmack. Kann auch durch frischen Ingwer ersetzt werden.)

4 Kaffirblätter (Limonenblätter), in feine Julienne geschnitten

300 g Hühnerbrust ohne Haut, in Würfel geschnitten

150 g halbierte Strohpilze

2 Tomaten

4 Schalotten, in Streifen geschnitten

4 EL Limettensaft

3 EL Fischsauce

½ EL Palmzucker

1-3 kleine rote Chilischoten (je nach Schärfe), fein geschnitten

1 kleiner Bund frisches Koriandergrün, grob gehackt

Meersalz

- Kokosmilch erhitzen, für ca. 5 Minuten sieden lassen. Mit einem Pürierstab mixen.
- Tomaten blanchieren und mit kaltem Wasser abschrecken. Schälen, entkernen und in Würfel schneiden.
- Die äußeren, trockenen Blätter der Zitronengrasstangen entfernen und das untere Drittel des weichen Zitronengrases in hauchdünne Ringe schneiden.
- Hühnerfond mit geschälter und in hauchdünne Scheiben geschnittener Galgantwurzel, Schalotten, Zitronengras und Kaffirblättern bei mittlerer Hitze zum Kochen bringen.
  Hühnerbrust, Strohpilze, Limettensaft, Tomatenwürfel, Fischsauce und Palmzucker in die Suppe geben und auf kleiner Flamme für 10 Minuten leicht köcheln lassen. Kokosmilch dazugeben und mit Fischsauce, Meersalz, Koriandergrün und Chili würzen. Die Suppe durch ein Sieb abseihen, die Einlage in einer Suppenterrine anrichten. Die Kokossuppe kurz vor dem Servieren mit einem Pürierstab schaumig mixen und über die Einlage gießen.

Mein Tipp: Sollten Sie die Suppe etwas cremiger bevorzugen, so kann die Kokosmilch vor dem Mixen mit etwas Reisstärke gebunden werden. Hervorragend schmeckt diese Suppe auch als Hauptgericht zusammen mit Jasminreis.

mit Kokosmilch

Solospargel
in der Papier-Papillote gegart

Für vier Personen:

20 gleichmäßig dicke Stangen Solo-Spargel

1 Zitrone

1 trockene Semmel

100 ml Olivenöl

Koriander aus der Mühle

Rohrzucker

1 Bund frischer Schnittlauch

Meersalz

- Spargel schälen und in kochendem Salzwasser mit etwas Rohrzucker, Zitronensaft und der getrockneten Semmel für 2–3 Minuten ziehen lassen. Den Spargel aus dem Wasser nehmen und jeweils 10 Stangen (eine Papillote ist für 2 Personen) auf einen doppelt gefalteten, großen, mit Olivenöl eingeriebenen Bogen Backpapier legen. Mit 2 Esslöffel Wasser und Olivenöl beträufeln und mit Koriander, etwas Rohrzucker und Meersalz würzen. Das Backpapier eindrehen und deren Enden sorgfältig falzen.
- Die Spargelpakete auf ein Blech legen und im auf 200 °C vorgeheizten Backrohr für 15–20 Minuten garen lassen. Den Spargel aus dem Ofen nehmen, die Folie mit einem kleinen Messer an der Oberseite einschneiden und mit dem frisch geschnittenen Schnittlauch bestreuen.

Mein Tipp: Dieses Gericht lässt sich auch gut als Hauptgang servieren, für sich ebenso wie zum Beispiel mit gebratener Maishendlbrust.

Beilagenempfehlung: Heurige Kartoffeln, in der Schale gekocht

Kichererbsen-Tofu-Ravioli auf Tomatenfondue

- Das Vollkornmehl mit den fein gemahlenen Kichererbsen, etwas Muskatnuss und feinem Meersalz vermengen. Dann erst die Eigelb und das Olivenöl beigeben und in einem Rührkessel mit Knethaken (kann natürlich auch von Hand geknetet werden) 3–4 Minuten durchkneten. Aus dem Teig eine Rolle formen, in Frischhaltefolie einpacken und für eine Stunde im Kühlschrank rasten lassen.
- Die feingeschnittenen, glasig angeschwitzten Schalotten sowie die gehackten Kräuter mit dem Tofu und dem Ei zu einer Masse verrühren. Die gewürfelten schwarzen und grünen Oliven sowie das Olivenöl beimengen und mit Salz und Pfeffer abschmecken.
- Den Nudelteig in zwei Teile schneiden, auf mehligem Untergrund mit den Handballen gleichmäßig plattdrücken und mit der Nudelmaschine (falls nicht vorhanden mit einem Rollholz) hauchdünn ausrollen. Mit einem verquirlten Ei bepinseln. Aus der Tofufülle haselnussgroße Kugeln formen und nebeneinander auf den ersten Nudelteig setzen. Dabei genügend Abstand einhalten. Mit dem zweiten, ebenfalls hauchdünn ausgerollten Nudelteig bedecken. Die Fülle gut andrücken und mit einer Ausstechform ausstechen. In leicht wallendem, gesalzenem Wasser für 6–8 Minuten kochen.
- Die geschälten, geviertelten und entkernten Tomaten auf ein Blech geben, mit Olivenöl, Gewürzen, Kräutern und dem in dünne Scheiben geschnittenen jungen Knoblauch einmarinieren und bei 110 °C im Ofen für ca. eine Stunde trocknen lassen. Kerne und Saft der Tomaten in ein feines Sieb geben, ausdrücken und in eine Schüssel abtropfen lassen. Die in feine Streifen geschnittene rote Zwiebel in etwas Olivenöl anschwitzen, mit dem Tomatensaft aufgießen und kurz aufkochen lassen. Die getrockneten Tomaten untermengen, würzen, nochmals kurz erhitzen, mit frisch gehacktem Basilikum und einigen Tropfen Olivenöl abschmecken und verfeinern.
- Zur Garnierung je drei Basilikumblätter in nicht all zu heißem Olivenöl frittieren und auf Küchenkrepp abtropfen lassen.

Mein Tipp: Anstatt des Tofus können Sie auch Ziegenkäse oder frischen Ziegentopfen verwenden.

mit schwarzen und grünen Oliven

Für acht Personen (Vorspeise) bzw. vier Personen (Hauptspeise):

Für den Nudelteig:

300 g doppelgriffig gemahlenes Vollkornmehl
200 g fein gemahlenes Kichererbsenmehl
15 Eigelb
1 Ei
4 cl Olivenöl
Feines Meersalz
Etwas gemahlene Muskatnuss

Für die Fülle:

125 g gehackter Tofu
125 g Tofu, passiert
4 Schalotten
60–70 g grüne Oliven, entkernt und in kleine Würfel geschnitten
60–70 g schwarze Oliven, entkernt und in kleine Würfel geschnitten
1 Zweig Thymian
1 Zweig Oregano
2 Zweige Petersilie
Olivenöl
1 Ei
Meersalz und schwarzer Pfeffer aus der Mühle

Für das Tomatenfondue:

6–8 Fleischtomaten, geviertelt und entkernt
⅛ l Olivenöl
1 rote Zwiebel
3 Zweige Thymian
1 Knolle junger Knoblauch
2 Zweige Basilikum (12 Basilikumblätter zur Garnierung zur Seite legen)
Meersalz
Weißer Pfeffer aus der Mühle

Mit Curry souffliert e

Vorbereiten der Austern:

Um an das Fleisch der Austern heranzukommen, müssen Sie diese öffnen, was nicht ganz leicht geht. Wichtigstes Küchengerät dafür ist das Austernmesser. Ein spezieller Austernhandschuh schützt zwar die Hand, ist aber sehr teuer. Ein dickes Küchenhandtuch genügt auch.

- Legen Sie die Auster mit der gewölbten Fläche nach unten in die Hand oder auf die Arbeitsfläche und halten Sie diese fest. Mit dem Austernmesser am Scharnier, das ist die abgerundete Seite, einstechen und den Muskel durchtrennen. Mit dem Messer rundherum fahren, die obere Schale abheben. Dabei darauf achten, dass die in der Schale enthaltene Flüssigkeit nicht verloren geht. Am besten Sie halten die Auster dabei die ganze Zeit waagerecht.
  Um die geöffneten, frischen Austern von Sand und Schalensplitter zu säubern, mit einem in Zitronenwasser ($^2/_3$ Wasser $^1/_3$ frisch gepresster Zitronensaft) getauchten Pinsel ausstreichen.

Currysoufflémasse:

- Die geschnittenen Schalotten in Olivenöl anschwitzen, Curry dazugeben, kurz schwenken (nicht zu lange, da ansonsten der Curry bitter wird) und dann mit Noilly Prat und Weißwein ablöschen. Zur Hälfte einkochen, um den Säuregehalt zu vermindern. Dann mit dem Fischfond aufgießen und noch einmal ein Drittel einkochen. Kokosmilch dazugeben, aufkochen lassen und mit Cayennepfeffer und Koriander aus der Mühle abschmecken. Maisstärke in ein wenig kaltem Wasser anrühren und damit die Sauce eindicken, sodass eine dickflüssige Creme entsteht. Auskühlen lassen.
  Die kalte Soufflémasse mit einem Schneebesen glatt rühren und das steifgeschlagene Eiweiß mit einem Kochlöffel vorsichtig unterheben.
- Mangoldblätter sorgfältig waschen und die Strünke wegschneiden. Dann sowohl Blätter als auch Strünke in gesalzenem, kochendem Wasser blanchieren. Abseihen und gleich in reichlich bereits vorbereitetem, kaltem Wasser abschrecken und abtropfen lassen. (Die Blätter werden anschließend dazu verwendet, um die Austern einzupacken.)
  Mit einem Gemüseschäler der Länge nach vier Bänder aus den Mangoldstängeln ausschneiden, die später zum Binden der Blätter benötigt werden. Den Rest der Stängel in gleichmäßige, etwa 4 Zentimeter lange Stäbchen schneiden.
  Diese zusammen mit den feingeschnittenen Schalotten in etwas Olivenöl ansautieren. Mit Salz, Pfeffer, einigen Tropfen frisch gepresstem Zitronensaft und ein wenig Rohrzucker abschmecken.
- Die Austern mit einem kleinen Messer aus der Schale lösen. Je drei Stück in jeweils ein bereits vor-

Fin de Claire Austern
auf rotem Mangold

Für vier Personen:

12 Stk. Fin de Claire Austern
Zitronensaft
½ l Fischfond (siehe Seite 162)
4 cl Weißwein
2 cl Noilly Prat
3 Schalotten
Olivenöl
½ l Kokosmilch
1 EL Currypulver
1 Msp. Cayennepfeffer
4 Eiweiß
Maisstärke
Koriander aus der Mühle
Meersalz und Pfeffer aus der Mühle

Für den roten Mangold:

400 g roter Mangold
2 Schalotten
Meersalz
Schwarzer Pfeffer aus der Mühle
Brauner Rohrzucker
½ Zitrone

Für den Weinschaum:

2 Eigelb
1 TL brauner Rohrzucker
⅛ l Weißwein
5–6 Safranfäden
Meersalz und Pfeffer aus der Mühle

blanchiertes Mangoldblatt legen, sodass sich 4 nach oben offene Mangoldschälchen ergeben. Mit einem dünn geschnittenen, ca. 15 Zentimeter langen Strunkband umwickeln und zusammenbinden. Die Öffnung der Austernschälchen reichlich mit der Currysoufflémasse nappieren. Direkt im Anschluss daran in einem Salamander (Gratinierofen) oder bei stärkster Oberhitze im Backrohr für 2–3 Minuten überbacken, bis die Oberfläche eine hellbraune Farbe angenommen hat. Die Austern sollten nicht heiß, sondern nur lauwarm sein.

Alle Zutaten für den Weinschaum in einer Schüssel gut vermengen. Anschließend über Dampf zu einer heißen, dickschaumigen Masse aufschlagen und sofort servieren.

Mein Tipp: Die Muscheln müssen frisch vom Markt und immer geschlossen sein. Wichtig ist auch, sie gut gekühlt zu lagern und sie so schnell wie möglich zu verarbeiten.

Kartoffelschaum
auf Brennnesselspinat

Für vier Personen:

Für den Kartoffelschaum:

4 große mehlige Folienkartoffeln

1/8 l Sojamilch

1/8 l Geflügelfond (siehe Seite 163)

4 EL Olivenöl

Etwas Muskatnuss, frisch gerieben

1/2 TL ganzer Kümmel

Meersalz

Weißer Pfeffer aus der Mühle

Für den Brennnesselspinat:

500 g Brennnesselspinat

2 Schalotten

Meersalz

Pfeffer aus der Mühle

Olivenöl

Für die Schaumsoße:

1/2 l Kokosmilch

2 EL Ziegensahne (oder Sojamilch)

4 cl weißer Portwein

1/16 l Weißwein

4 cl Noilly Prat

125 g Beluga-Kaviar

Die ungeschälten Kartoffeln sorgfältig mit einer feinen Bürste waschen. Anschließend mit Kümmel in leicht gesalzenem Wasser weich kochen. Das obere Drittel der längs liegenden, heißen Kartoffeln vorsichtig abschneiden und das Innere des unteren, größeren Teiles mit einem Löffel aushöhlen, sodass die Ränder dick genug bleiben, um anschließend mit der fertig verarbeiteten Kartoffelmasse befüllt werden zu können.
Die ausgekratzte Kartoffelmasse in heißem Zustand durch ein feines Sieb streichen.
Sojamilch und Geflügelfond vermengen, mit Muskatnuss, Salz und Pfeffer würzen, auf die Hälfte einkochen und langsam unter die Kartoffelmasse rühren. Zum Schluss vorsichtig ein wenig Olivenöl untermengen.
Die inzwischen warmgestellten, ausgehöhlten Kartoffeln mit dem Kartoffelschaum füllen.

Den Brennnesselspinat in kleine Stücke zupfen, ein- bis zweimal mit kaltem Wasser waschen und gut abtropfen lassen. Kurz in kochendem, leicht gesalzenem Wasser blanchieren, abseihen und mit kaltem Wasser abschrecken. Die feingeschnittenen Schalotten in Olivenöl anschwitzen, den Brennnesselspinat dazugeben und abschmecken.

Die Alkoholika in einem Topf zum Kochen bringen, mit Kokosmilch aufgießen und ein weiteres Mal erhitzen. Mit wenig Salz würzen, vom Herd nehmen und Ziegensahne (Sojamilch) unterrühren. Mit einem Stabmixer aufschäumen, kurz stehen lassen und dann den Schaum anrichten.

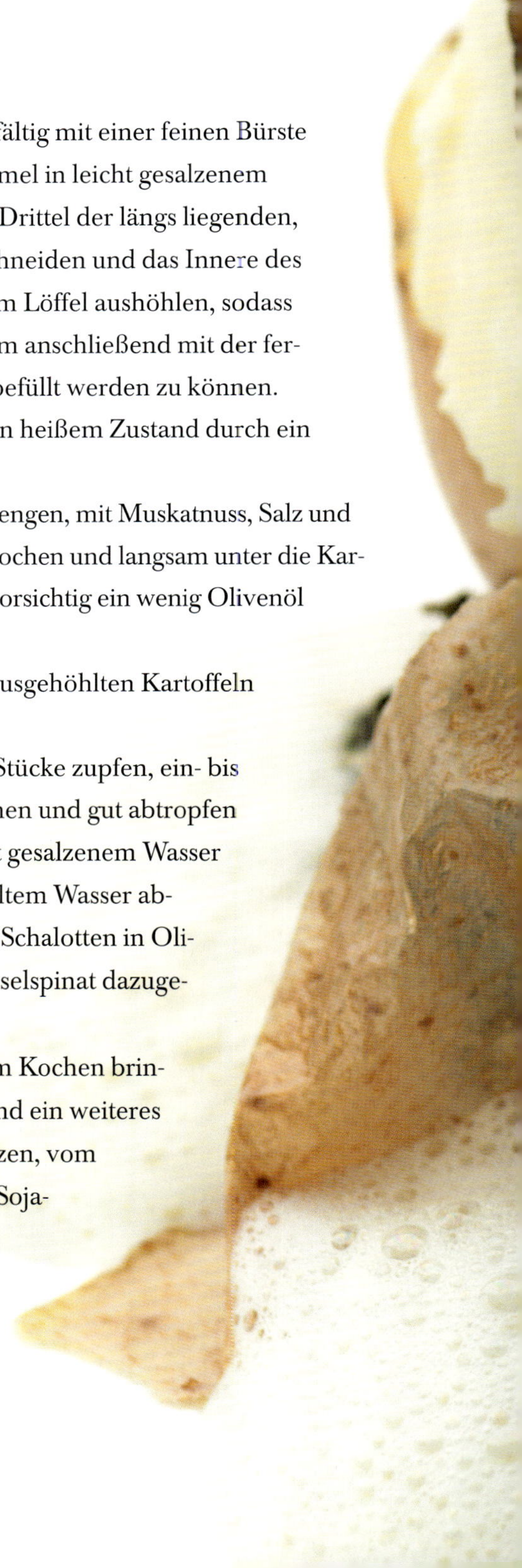

mit Beluga-Kaviar

Mein Tipp: Sie können auch Felchen, Lachs oder jeden anderen Kaviar verwenden. Nicht zu stark salzen, da der Kaviar schon recht salzig ist.

Tipp des Arztes: Kaviar beinhaltet einen hohen Gehalt an Telomerase. Je mehr davon in einer Zelle vorhanden ist, desto länger lebt sie.

Geflämmter Ziegenkäse

- Blaue Trauben unter fließendem, kaltem Wasser waschen, trocken tupfen, halbieren und mit einem kleinen Löffel entkernen.
  Sternanis, Rotwein, Portwein und Traubensaft in einem kleinen Topf bei mäßiger Hitze auf etwa einen viertel Liter einkochen. Die bereits vorbereiteten Traubenhälften hinzugeben und kurz aufkochen, mit etwas Stärke dicken und anschließend erkalten lassen.
- Kürbiskerne in einer Pfanne anrösten. Auskühlen lassen und fein hacken. In einer Schale mit Kürbiskernöl, Champagneressig, fein gehackten Schalotten, Kräutern, etwas Meersalz und Pfeffer aus der Mühle verrühren und abschmecken.
- Ziegenkäse auf einen leicht mit Olivenöl befetteten Teller legen, mit etwas Pfeffer würzen und im Salamander-Gratinierofen oder Backrohr bei größter Oberhitze solange gratinieren, bis der Käse eine bräunliche Farbe annimmt.

Für vier Personen:

Für das Trauben-Confit:

250 g blaue Trauben
½ l Rotwein
½ l blauer Traubensaft
⅛ l roter Portwein
1 Stk. Sternanis
Tapioka oder Maisstärke

Für die Vinaigrette:

2 kleine Schalotten
2 EL Champagneressig
4 EL Kürbiskernöl
120 g Kürbiskerne
Petersilie und Thymian
Meersalz und Pfeffer aus der Mühle

Für den Ziegenkäse:

4 Stück Ziegenfrischkäse à 100 g

auf Trauben-Confit und Kürbiskern-Vinaigrette

Mein Tipp: Statt Frischkäse kann man auch jeden anderen Ziegenkäse verwenden. Das Trauben-Confit lässt sich sehr gut haltbar machen, indem Sie es in noch heißem Zustand in ein Einkochglas füllen, gut verschließen und im Backofen bei 120 °C für 10–15 Minuten konservieren.

Loup de mer in Salzteigkruste mit braisiertem Lauch

Für vier Personen:

Für den Fisch:

1 Loup de mer (Wolfsbarsch) im Ganzen (ca. 1,5 kg), ausgenommen und geschuppt

4 Knoblauchzehen

2 Zweige Thymian

8 Basilikumblätter

1 Dillzweig

1/2 Zitrone

Koriander und Pfeffer aus der Mühle

Für die Kruste:

Etwa 2 kg grobes Meersalz

12 Eiweiß

200 g Vollkornmehl

1 g Safran, gemahlen

5 g Tinte vom Tintenfisch

Für den braisierten Lauch:

2 Stück mittelgroße Lauchstangen

1/16 l Tomaten-Consommé (siehe Seite 82)

1 Schalotte, in feine Würfel geschnitten

1 EL Olivenöl

Meersalz und Pfeffer aus der Mühle

Für den Oliven-Coulis:

60 g grüne Oliven

60 g schwarze Oliven

60 g ofengetrocknete Tomaten (siehe Seite 164)

1 Bund Basilikum

1/8 l Olivenöl

Meersalz und Koriander aus der Mühle

- Die Bauchhöhle des Wolfsbarschs sorgfältig unter fließendem, kaltem Wasser ausputzen und mit Küchenkrepp trocken tupfen. Anschließend mit etwas Zitronensaft, Koriander und Pfeffer aus der Mühle stark würzen. Frische Basilikumblätter, leicht zerdrückte Knoblauchzehen, Dill und Thymianzweige in den Bauchraum des Fisches geben und außen mit viel Olivenöl bestreichen.
- Meersalz, Vollkornmehl und Eiweiß in einer Schüssel zu einem Teig vermengen. Für eine halbe Stunde ruhen lassen. Die Salzteigmasse anschließend in einer Höhe von einem Zentimeter auf ein Backblech

Pablo Picassos Rezept

streichen (so lang und breit wie die Ausmaße des Loup de mer sind). Den gefüllten Fisch darauf legen und mit der restlichen Salzteigmasse zur Gänze bedecken. Die Salzschicht mit einem Löffel oder einer Palette glatt streichen.

- Das Safranpulver in einigen Tropfen heißen Wassers auflösen. Mit einem Pinsel abwechselnd die gelbe Farbe des Safrans und die schwarze Farbe der Tinte auf den Salzteig auftragen. Anschließend den Loup de mer im bereits vorgeheizten Backrohr bei 180 °C 45–50 Minuten backen. Den Fisch aus dem Ofen nehmen und 5 Minuten stehen lassen. Die Salzkruste mit einem Sägemesser aufschneiden (aber erst am Tisch vor Ihren Gästen abheben). Die Haut vom Loup de mer lösen, filetieren und am Teller mit Oliven-Coulis nappieren.
- Die äußeren Blätter der Lauchstange entfernen und unter fließendem, kalten Wasser waschen. Der Quere nach in ca. einen halben Zentimeter dicke Scheiben schneiden. Schalotten in Olivenöl anschwitzen, Lauchscheiben beigeben und mit der Consommé aufgießen, kurz dünsten lassen und mit Salz und Pfeffer würzen.
- Die schwarzen und grünen Oliven halbieren, entkernen und in feine, kleine Würfel schneiden. Mit den ebenfalls in kleine Würfel geschnittenen Ofentomaten und Olivenöl verrühren, mit Meersalz und Koriander würzen und kurz vor dem Servieren mit frisch gehacktem Basilikum verfeinern.

Mein Tipp: Für dieses Rezept kann man statt eines Loup de mer auch andere Fische verwenden. Besonders empfehle ich Lachsforelle oder Steinbutt.

Beilagenempfehlung: Salzkartoffeln und bunte Blattsalate

Gebratenes Schleienfilet

Für vier Personen:

Für den Fisch:

4 Stück frisches Schleienfilet (à 160 g)

1 Zitrone

Rapsöl

Meersalz, Koriander und Pfeffer aus der Mühle

Für die Borlotti-Bohnen:

200 g Borlotti-Bohnen

Rapsöl

Meersalz

Für das Ragout von Roten Rüben:

600 g gekochte Rote Rüben

2 EL Rotweinessig

½ l Fischfond

2 Stk. weiße Zwiebeln

1 TL Kümmel ganz

1 Zweig Dill

1 kleine, mehlige Kartoffel

Für das Ziegenjoghurt:

½ l Ziegenjoghurt

Meersalz

Zitronensaft

Für die Garnierung:

4 Zweige frischer Estragon

- Die Schleienfilets unter fließendem, kaltem Wasser abwaschen, auf Küchenkrepp trocken tupfen, entgräten und mit einem scharfen Messer Haut und Bauchlappen entfernen. Die Filets mit ein wenig Zitronensaft beträufeln und mit Meersalz, Pfeffer und Koriander würzen. Mit Rapsöl in einer vorgewärmten Pfanne an der Außenseite knusprig anbraten. Den Fisch wenden und auf der Innenseite kurz fertig braten (der Fisch sollte innen noch glasig und saftig sein).
- Die Bohnen aus der Hülse brechen und in gut gesalzenem Wasser kochen. Mit kaltem Wasser abschrecken, trocken tupfen und die Schale entfernen. Abschließend in Rapsöl mit etwas Meersalz und ein paar Tropfen Wasser warm machen.

auf Ragout von Roten Rüben

- Die Roten Rüben schälen und in einen Zentimeter dicke Würfel schneiden. Die weißen Zwiebeln halbieren, den Strunk entfernen und in dünne Streifen schneiden. In einem Topf Fischfond, Rotweinessig, Estragonblätter, Kümmel und Zwiebelstreifen so lange dünsten, bis die Zwiebeln bissfest sind. Zum Binden des Ragouts die geschälte, mehlige Kartoffel mit einem feinen Reibeisen zu den Zwiebeln raspeln und ein weiteres Mal aufkochen. Die Würfel der Roten Rüben hinzugeben und für einige Minuten köcheln lassen. Abschließend die Estragonblätter entfernen und mit frischen Estragonspitzen anrichten.
- Ziegenjoghurt, etwas Meersalz und Zitronensaft mit einem Pürierstab schaumig mixen und dazu servieren.

*Mein Tipp: Für dieses Rezept eignet sich auch bestens ein gedämpftes Hechtfilet.
Frisch geriebener Kren schmeckt dazu besonders gut.*

Zandermedaillon in Senfsaatkruste

- Die Senfsaat in lauwarmem Wasser für 2–3 Stunden einweichen, anschließend drei- bis viermal kurz kochen. Dazwischen immer wieder sorgfältig mit fließendem Wasser abschwemmen. Alle Zutaten in einer kleinen Schüssel verrühren und im Kühlschrank für ca. eine Stunde marinieren lassen.
- Das Zanderfilet entgräten, die Haut mit einem scharfen Messer leicht einschneiden. Das Filet in 4 gleich große Stücke zerteilen. Auf der Hautseite mit Zitronensaft und Pfeffer würzen und mit der Marinadekruste einreiben. Mit einer Folie abdecken und für etwa eine halbe Stunde marinieren lassen. Das Zanderfilet mit Meersalz würzen und auf der Hautseite in der bereits vorgewärmten Pfanne mit reichlich Olivenöl goldgelb braten. Wenden, für 2–3 Minuten in der warmen Pfanne ziehen lassen und mit Küchenkrepp abtupfen.
- Die Kohlrabiknollen schälen und in ca. einen halben Zentimeter breite Würfel schneiden. Mit Distelöl in einem kleinen Topf anschwitzen. Mit Gemüsefond oder Wasser aufgießen und mit Koriander, Salz und Pfeffer aus der Mühle würzen. Mit Butterpapier zugedeckt für 4–5 Minuten dünsten lassen. Erst kurz vor dem Anrichten mit etwas Zitronensaft verfeinern.
- Martini, gelben Wein, Fischfond und Anis in einem kleinen Topf auf gut ein Drittel der Menge einkochen. Durch ein feines Passiersieb gießen. Anschließend in einem Schneekessel mit den Eigelb und etwas Meersalz gut verrühren, über Dampf zu einer heißen, dickschaumigen Masse aufschlagen und sofort servieren.

Beilagenempfehlung:
Perlweizen
Paella vom Camargue-Reis
Couscous von grünen Tomaten

Für vier Personen:

Für den Fisch:

750 g frisches Zanderfilet

3 EL Olivenöl

Zitronensaft

Meersalz

Weißer Pfeffer aus der Mühle

Für die Kruste:

10 g helle Senfsaat

10 g dunkle Senfsaat

1 EL Pommery-Senf

1 EL Dijon-Senf

2 EL gehackte, frische Petersilie

1 EL frisch geriebener Kren

Für das Kohlrabigemüse:

2 mittlere Kohlrabiknollen

1 EL Distelöl

Zitronensaft

Koriander aus der Mühle

Salz und Pfeffer aus der Mühle

Für den Schaum von gelbem Wein:

½ TL Anis

⅛ l Fischfond (siehe Seite 162)

⅛ l gelber Wein

⅛ l Martin dry

2 Eigelb

Meersalz

Saiblingsfilet
mit buntem Paprika

Für vier Personen:

Für den Fisch:

4 Saiblingsfilet (à 160 g)
1 Zitrone
1 Zweig Dill
Koriander aus der Mühle
Weißer Pfeffer aus der Mühle
Meersalz

Für die bunten Paprika:

2 gelbe Paprika
2 rote Paprika
2 grüne Paprika
2–3 Knoblauchzehen
4 Thymianzweige
Meersalz

Für den Saft:

2–3 Knoblauchzehen, geschält
2 Zweige Thymian
2 Zweige Oregano
½ l Fischfond (Siehe Seite 162)
⅛ l Weißwein
1 Zitrone
6 Weiße Pfefferkörner
6 Korianderkörner
1 Lorbeerblatt
4 EL Olivenöl
Meersalz

- Die Saiblingsfilets unter fließendem, kaltem Wasser abwaschen, auf einem Küchenkrepp trocken tupfen, entgräten und mit einem scharfen Messer Haut und Bauchlappen entfernen. Die Filets mit Zitronensaft beträufeln und mit Meersalz, Dill, Pfeffer und Koriander würzen.
- Alle drei Paprikasorten gut waschen, trocken tupfen, senkrecht vierteln und Strunk, Stiel sowie Kerne entfernen. Nochmals waschen und mit Küchenkrepp abtupfen. Die Paprika mit Olivenöl und etwas Meersalz einmarinieren, auf ein Blech legen, sodass die Haut der Paprika oben ist, die halbierten Knoblauchzehen und Thymianzweige gleichmäßig darüber verteilen. Im Backrohr bei 160 °C Heißluft 12–15 Minuten backen, sodass die Paprika weich werden und deren Haut leicht braun wird und sich abziehen lässt. Aus dem Backofen nehmen und mit einem mit kaltem Wasser befeuchteten Tuch bedecken. Einige Minuten rasten lassen. Thymianzweige und Knoblauch entfernen und die Haut der Paprika im noch warmen Zustand abziehen. Zuletzt die Paprika nach eigenem Belieben in kleine Stücke schneiden.
- Weißwein und Fischfond in einem kleinen Topf zum Kochen bringen und auf die Hälfte einreduzieren. Mit Meersalz, Zitronensaft, Lorbeerblatt, Pfeffer- und Korianderkörnern sowie den Kräutern würzen und in ein feuerfestes Porzellan gießen. Die vorbereiteten Paprikawürfel einlegen und den marinierten Fisch darauf platzieren. Mit Olivenöl übergießen, mit einem Deckel zudecken und im auf 180 °C vorgeheizten Backofen für 10–12 Minuten garen. Je nach Stärke des Fisches kann die Zeit variieren.

in eigenem Saft gedämpft

Vor dem Servieren zuerst die Paprika auf den Teller geben, dann das Saiblingsfilet darauf legen und zuletzt mit dem Saft übergießen. Abschließend mit frisch gezupften Kräutern garnieren.

Mein Tipp: Sie können, bevor der Fisch ins Rohr geschoben wird, zusätzlich vorgekochte Kartoffeln beigeben. Jedoch sollten Sie unbedingt beachten, dass die Kartoffeln nur noch für einige Minuten nachgegart werden.

Beilagenempfehlung:
Mit Schalotten geschmorte junge Kartoffeln, Perlweizen oder Risotto

Seeforelle
auf zweierlei Spargel

- Die Seeforellenfilets unter fließendem, kaltem Wasser säubern, entgräten und den Bauchlappen entfernen, auf einem Küchenkrepp trocken tupfen und mit Zitronensaft säuern und würzen.
  Mit Olivenöl und Knoblauch in einer vorgewärmten Pfanne auf der Hautseite knusprig anbraten. Den Fisch wenden und auf der Innenseite kurz fertig braten (der Fisch soll innen glasig und saftig sein).
- Den weißen Spargel schälen und mit etwas Rohrzucker, Zitronensaft und der trockenen Semmel in leicht gesalzenem Wasser kurz aufkochen, vom Herd nehmen und im Spargelwasser für einige Minuten ziehen lassen (der Spargel sollte noch bissfest sein).
  Den grünen Spargel nur an der unteren Hälfte schälen. Beide Spargelsorten halbieren und deren Enden in ca. einen halben Zentimeter dicke, schräge Scheiben schneiden.

Für vier Personen:

Für den Fisch:

4 gleichmäßig große Tranchen von der Seeforelle mit Haut à 170 g
3 EL Olivenöl
1 Knoblauchzehe, geschält
½ Zitrone
Korianderkörner aus der Mühle
Weißer Pfeffer aus der Mühle
Meersalz

Für die Spargel:

8 Stangen weißer Spargel
8 Stangen grüner Spargel
4 ofengetrocknete Tomaten (siehe Seite 164)
½ Zitrone
1 trockene Semmel
2 EL Zitronenöl
⅛ l Geflügelfond (siehe Seite 163)
Rohrzucker
Meersalz

Für die Rotkleeschaumsauce:

½ l Fischgrundsauce
50 g Rotkleeblätter

mit Rotkleeschaumsauce

Den grünen Spargel in einer Pfanne mit Rohrzucker, Salz, Geflügelfond und ein wenig Zitronenöl solange dünsten, bis er die Konsistenz des weißen Spargels hat. Dann den weißen Spargel dazu geben und nochmals kurz erwärmen.

Kurz vor dem Anrichten mit den ofengetrockneten Tomaten vermengen.

Rotklee mit kaltem Wasser waschen, in kochendem, leicht gesalzenem Wasser blanchieren und mit kaltem Wasser abschrecken. Fein hacken und in die kochende Fischgrundsoße rühren. Kurz vor dem Servieren mit einem Pürierstab schaumig mixen.

Mein Tipp: Rotklee kann auch durch jedes beliebige Kraut (z. B. Wiesenkräuter oder Basilikum) ersetzt werden.

Beilagenempfehlung:
Vollkorn-Taglierini,
Salzkartoffeln

- Die Fischfilets unter fließendem, kaltem Wasser säubern und auf Küchenkrepp trocken tupfen, mit Zitronensaft beträufeln, mit Meersalz, Pfeffer und Koriander würzen und in vorgewärmter Pfanne mit Zitronenöl und Thymian auf beiden Seiten goldgelb braten.
- Schalotten, Fischfond, Sojamilch, einen viertel Liter Wasser und die entkernte, in Würfel geschnittene Paprikaschote mit den Gewürzen weich dünsten und mit ein wenig geriebener Kartoffel binden. Abschließend würzen, mit einem Stabmixer pürieren und aufschäumen.
- Die fein geschnittenen Schalotten in einem vorgewärmten Topf mit Olivenöl anschwitzen. Mit Noilly Prat ablöschen, mit Hühnerfond aufgießen und einkochen. Erst wenn die Flüssigkeit fast komplett eingekocht ist, Erbsen und Sojamilch dazu geben. Mit Palmzucker, Salz und Pfeffer würzen und weich kochen. Anschließend mit einem Pürierstab zu einem feinen Püree mixen.
  Kurz vor dem Anrichten mit in feine Streifen geschnittener Minze vollenden.

Für vier Personen:

Für den Fisch:

4 Stück gleichmäßig große Steinbuttfilets à 160 g
½ Zitrone
Zitronenöl (siehe Seite 167)
1 Thymianzweig
Pfeffer und Koriander aus der Mühle
Meersalz

Für die Soße:

1 rote Paprikaschote
1 kl. mehlige Kartoffel
¼ l Fischfond (siehe Seite 162)
Meersalz
Cayennepfeffer
1 TL Zitronensaft
2 Schalotten
⅛ l Sojamilch

Für das Erbsen-Minze-Gemüse:

600 g junge Erbsen
3 Schalotten
⅛ l Sojamilch
⅛ l Hühnerfond (siehe Seite 163)
4 cl Noilly Prat
1 EL Palmzucker
3 EL Olivenöl
12 Blätter rote Minze
Weißer Pfeffer aus der Mühle
Meersalz

Mein Tipp: Achten Sie bitte darauf, das Olivenöl bzw. Zitronenöl nicht zu heiß zu erhitzen, da es ansonsten bitter wird und nicht mehr sehr bekömmlich schmeckt. Daher erwärmen Sie besser zuerst die Pfanne und geben erst dann Öl und Gemüse, Fleisch oder Fisch hinzu.

Beilagenempfehlung:
Erbsenschoten, junge Erbsen, Vollkornnudeln

Mit Zitronenöl gebratener Steinbutt auf Erbsen-Minze-Gemüse

Die frischen Filets vom St. Pierre unter fließendem, kaltem Wasser abwaschen, trocken tupfen und etwaige Knorpel sowie die überlappende Haut entfernen. Die Haut mit einem scharfen Messer leicht einschneiden. Die Filets mit Zitronensaft säuern und mit Meersalz, weißem Pfeffer und Koriander würzen. In einer heißen Pfanne mit etwas Olivenöl auf beiden Seiten goldbraun anbraten. Kurz bevor man den Fisch aus der Pfanne nimmt – er sollte innen noch glasig sein – nochmals etwas Olivenöl und Kräuter beifügen und darin schwenken. Den Fisch auf ein Küchenkrepp legen, abtupfen und anrichten.

Die geschälten Zwiebeln und Kartoffeln in dünne, längliche Streifen schneiden, mit Meersalz würzen und mit einem 1/8 l Wasser, Weißwein, Noilly Prat, Thymian und Jungzwiebeln weich dünsten. Kurz vor dem Anrichten ofengetrocknete Tomaten dazu mischen.

Den Sellerie gut waschen, schälen und in 2–3 Zentimeter breite Würfel schneiden. In Salzwasser weich kochen, abseihen und abtropfen lassen. Den weichgekochten Sellerie mit einem Pürierstab fein mixen (oder durch eine Kartoffelpresse drücken) und durch ein Sieb passieren.

Den Fenchel halbieren, den Strunk und das Grün entfernen, in gleichgroße Würfel schneiden und gleich wie das Selleriepüree verarbeiten.

Die Zwiebel samt Schale mit einem Eiswürfel in Alufolie einwickeln, in eine Pfanne legen und im Backofen bei 140 °C für 1 bis 1 1/2 Stunden weich garen. Aus der Schale nehmen, pürieren und anschließend durch ein feines Sieb passieren.

Knoblauch in kochendem, leicht gesalzenem Wasser blanchieren und abgießen. Diesen Vorgang vier- bis fünfmal wiederholen, pürieren und passieren.

Die Blattpetersilie und die Dille waschen und die Blätter von den Stielen zupfen (Stiele für den Fond aufbewahren). In kräftig gesalzenem Wasser blanchieren und mit kaltem Wasser abschrecken. Aus dem Wasser nehmen, ausdrücken, fein hacken und mit Olivenöl grob mixen.

Fein geschnittene Schalotten in Olivenöl sautieren, mit Weißwein, Noilly Prat und Pernod ablöschen und kurz einkochen lassen. Dann mit dem Fischfond aufgießen und die übriggebliebenen Kräuterstiele dazugeben. Für eine halbe Stunde köcheln lassen. Mit Meersalz, weißem Pfeffer und Koriander würzen und mit Rohrzucker (je nach Geschmack) abrunden. Den Fond durch ein feines Passiertuch seihen und noch einmal kurze Zeit köcheln lassen. Die Pürees dazugeben. Abschließend mit Petersilien- und Dillöl verrühren und mit etwas Zitronensaft und Olivenöl vollenden.

Für vier Personen:

Für den Fisch:

4 Stk. St.Pierre-Filet (à 160 g)
Saft von einer Zitrone
Weißer Pfeffer aus der Mühle
Koriander aus der Mühle
2 Zweige Kerbel
2 Zweige Estragon
Olivenöl
Meersalz

Für das Zwiebel-Tomaten-Gemüse:

4 Stk. Jungzwiebeln
2 weiße Zwiebeln
1 Zweig Thymian
4 Tomaten, ofengetrocknet (Seite 164)
400 g kleine, festkochende Kartoffeln
1/8 l Weißwein
4 cl Noilly Prat
Meersalz

Für den Kräuterfond:

300 g Knollensellerie
200 g Zwiebel
100 g Fenchel
50 g Knoblauch, geschält, halbiert, vom Keim befreit (wegen der Bitterstoffe)
60 g Blattpetersilie
40 g Dill
3–4 Schalotten
1/8 l Olivenöl
1/2 l Fischfond
1/2 l Weißwein
4 cl Noilly Prat
2 cl Pernod
2 cl Zitronensaft
Meersalz
Rohrzucker
Koriander aus der Mühle
Weißer Pfeffer aus der Mühle

Filet vom St. Pierre im Kräuterfond

Mein Tipp:
Für dieses Gericht eignen sich auch bestens Muscheln jeglicher Art. Diese Pürees eignen sich sehr gut zum Binden vieler Saucen.

Beilagenempfehlung: Frisch getoastetes Knoblauch-Vollkornbrot oder Teigwaren

Bonitofilet in Sesammantel

Für vier Personen:

Für den Fisch:

400 g Bonitofilet (junger Thunfisch), in 4–5 cm dicke, längliche Scheiben geschnitten
4 EL geschälte Sesamkörner
Sesamöl und Maiskeimöl
3 EL Sojasauce
Koriandergrün, gehackt
Weißer Pfeffer aus der Mühle
Meersalz aus der Mühle

Für die Soße:

½ l Ananassaft
½ l Apfelsaft
2 grüne Äpfel, in grobe Würfel geschnitten
4 Zitronengrashalme (1 Halm zur Dekoration), fein geschnitten
2 Schalotten
1 Chilischote, halbiert und entkernt
1 mittelgroße Ingwerwurzel
1 kleines Stück Ananas, in kleine Würfel geschnitten
Zitronensaft
Je ¼ Paprika rot, gelb und grün
Koriandergrün
1 TL grüne, frische oder eingelegte Pfefferkörner
1 EL Palmzucker oder brauner Zucker
Reisessig (Champagneressig)
Reisstärke oder Maisstärke

auf süß-saurer Sauce

- Bonitofilet mit Sojasauce, Koriandergrün und frisch gemahlenem Pfeffer marinieren, für 1–2 Stunden zugedeckt ungekühlt ziehen lassen. Trockengetupftes und mit Meersalz gewürztes Filet in Sesam wälzen. Etwas Maiskeim- und Sesamöl in einer Pfanne erhitzen und das Bonitofilet auf allen Seiten kurz und heiß anbraten. Auf einem feinen Gitter in den auf 65–70 °C vorgeheizten Ofen schieben und ca. 10 Minuten garen lassen (das Filet sollte immer noch glasig, saftig und nur leicht warm sein).
- Fruchtsäfte mit Zitronengrashalmen, dem grob zusammengeschnittenen Ingwer, einem halben Liter Wasser, Chilischote, Zitronensaft und Äpfeln aufkochen und auf kleiner Stufe für ca. 1–2 Stunden köcheln lassen. Durch ein feines Sieb seihen und ein wenig einkochen lassen. Ananas, Paprika und grünen Pfeffer in die Soße geben. Mit Palmzucker und Essig süß-sauer würzen, mit ein wenig Reisstärke eindicken. Vor dem Anrichten frisch gehacktes Koriandergrün hinzugeben.

Mein Tipp: Dieses Rezept schmeckt auch mit Lachs fantastisch!

Beilagenempfehlung: Basmati-Reis nach indischer Art, Couscous, Jasminreis

Gebratene Rotbarbe

- Die Rotbarben mit einem scharfen Messer am Bauch aufschneiden und die Innereien entfernen. Entschuppen, unter fließendem, kaltem Wasser gut waschen, filetieren und mit Küchenkrepp trocken tupfen. Die Filets sorgfältig entgräten, mit Limettensaft säuern und mit Meersalz und Pfeffer aus der Mühle würzen. In einer beschichteten, vorgewärmten Pfanne mit reichlich Olivenöl auf der Hautseite braten. Währenddessen des öfteren mit dem heißen Öl aus der Pfanne übergießen. Die gebratenen Rotbarbenfilets mit Küchenkrepp abtupfen und anrichten.
- Die Gewürze in ein Tuch wickeln und mit dem Messerrücken klopfen. (Dadurch wird der Geschmack beim Kochen noch intensiver!) In einen Topf leeren und mit der Fischgrundsauce für ca. eine Stunde am Siedepunkt ziehen lassen. Durch ein feines Passiersieb gießen, aufkochen und mit Pernod und Cayennepfeffer abschmecken. Mit einem Stabmixer aufschäumen und die Sauce sowie den dabei entstandenen Schaum mit dem gewärmten Gurkengemüse und der Rotbarbe anrichten.

Beilagenempfehlung: Couscous, frisch getoastetes Vollkornbrot

Für vier Personen:

Für den Fisch:

6 Rotbarben à 200 g
Olivenöl
1 Limette
1–2 Gläser eingelegtes Dill-Gurken-Gemüse (siehe Seite 170)
Meersalz und Pfeffer aus der Mühle
1 Dillzweig zum Garnieren

Für den Anisschaum:

½ l Fischgrundsauce (siehe Seite 162)
5 Sternanis
1 TL Fenchelkörner
1 Zweig Dill
Cayennepfeffer
2 cl Pernod

auf eingelegtem

Dill-Gurken-Gemüse

und Anisschaum

Mittelstück vom Wildlachs

Für vier Personen:

Für den Fisch:

4 gleichmäßig große Wildlachstranchen vom Mittelstück à 160 g

3 EL Olivenöl

1 Knoblauchzehe, mit dem Messerrücken zerdrückt

Meersalz

Weißer Pfeffer aus der Mühle

Korianderkörner aus der Mühle

Für die Tomaten-Oliven-Vinaigrette:

1 kg geschälte Tomaten aus der Dose

8 Basilikumblätter, fein gehackt

4 gelbe Tomaten mit Stiel

12 eingelegte Kapernbeeren

2 Schalotten

Cayennepfeffer

Meersalz

1 TL brauner Rohrzucker

100 g grüne Oliven

100 g schwarze Oliven

2 EL Olivenöl

- Das Lachsmittelstück entgräten, häuten und mit Pfeffer, Koriander und Meersalz würzen. Mit Olivenöl und frischem Knoblauch in der Pfanne leicht anbraten, wenden und für ca. 3 Minuten in das auf 180 °C vorgewärmte Rohr stellen.

- Geschälte Tomaten mit Basilikum, etwas Meersalz und einem halben Liter Wasser zu einem Brei verkneten und in ein feines Passiertuch leeren, zusammenbinden (wie zu einem Beutel) und für mehrere Stunden aufhängen, sodass der austretende Saft in eine darunterstehende Schüssel rinnen kann. (Am besten am Vortag!)
  Oliven entkernen und in längliche Stücke schneiden.
  Olivenöl und die in feine Würfel geschnittenen Schalotten glasig anschwitzen, mit dem abgehangenen Tomatenfond aufgießen und für ca. eine halbe Stunde köcheln lassen. Die Oliven beigeben und mit ein wenig Stärke binden. Mit Cayennepfeffer, Meersalz und braunem Rohrzucker abschmecken. Erst kurz vor dem Anrichten mit den Kapernbeeren vermengen und nochmals erwärmen.

- Die Gelben Tomaten vorsichtig waschen, sodass der Strunk nicht abfällt, abtupfen und die oberen Kappen mit einem scharfen Messer abschneiden.
  In eine mit Olivenöl befettete Pfanne legen, mit Meersalz und etwas Koriander würzen und im Backofen für 12–15 Minuten braten.

Mein Tipp: Für dieses Gericht eignet sich auch eine größere Lachsforelle bestens.

Beilagenempfehlung: Safranrisotto, Kichererbsen-Tagliatelle, Vollkornnudeln auf Tomaten-Oliven-Vinaigrette –

Anthony Quinns Rezept

- Den weißen Spargel schälen und kurz mit etwas Rohrzucker, Zitronensaft und der trockenen Semmel in leicht gesalzenem Wasser aufkochen, vom Herd nehmen und für einige Minuten ziehen lassen. (Der Spargel sollte noch bissfest sein.) Den grünen Spargel nur an der unteren Hälfte schälen. Beide Spargelsorten halbieren und deren Enden in ca. einen halben Zentimeter dicke, schräge Scheiben schneiden.
- Staudensellerie gut waschen, schälen und Fäden abziehen. In einen Zentimeter breite Stücke schneiden.
- Die Minikarotten gut waschen und so schälen, dass das Grün an der Karotte bleibt.
- Erbsenschoten und grünen Spargel in reichlich gesalzenem Wasser kochen und mit kaltem Wasser abschrecken.
- Die Brüste von den Knochen lösen und halbieren. Die abgetrennten Hühnerkeulen genau im Gelenk halbieren. Mit Salz und Pfeffer würzen, in einer Pfanne mit Rapsöl anbraten und in einen Tontopf legen (den Tontopf vor der Verwendung für mindestens ein bis zwei Stunden in lauwarmem Wasser einweichen). In derselben Pfanne (ohne sie zu säubern) Karotten, Knoblauchzehe und geschälte Perlzwiebeln anschwitzen. Tomaten dazugeben, nochmals kurz schwenken, mit Weißwein ablöschen und Geflügeljus aufgießen. Dann erneut aufkochen lassen und Lorbeerblatt, Salbeizweig sowie die gehackten Kräuter beigeben. Das Gemüse im Fond über das Huhn leeren, den Deckel schließen und im auf 180 °C vorgeheizten Backrohr für ca. 40 Minuten garen lassen.
- Spargel und Erbsenschoten in den Tontopf geben und für weitere 10 Minuten im Rohr lassen.

Für vier Personen:

2 kl. Freiland-Maishühner
2 Knoblauchzehen
1 kl. Stk. Staudensellerie
8 Mini-Karotten
2 Tomaten, geschält und geviertelt
4 Stangen weißer Spargel
4 Stangen grüner Spargel
100 g junge Erbsenschoten
12 frische Perlzwiebeln
1 Zweig Liebstöckel, gehackt
1 kl.Bund Kerbel
1 Lorbeerblatt
1 Zweig Salbei
1 Zitrone
3 TL Rapsöl
½ l Weißwein
½ l Geflügeljus (siehe Seite 163)
1 EL brauner Rohrzucker
Meersalz und Pfeffer aus der Mühle

Mein Tipp: Probieren Sie das Rezept auch einmal mit Ente, Truthahn oder Perlhuhn!

Beilagenempfehlung:
Risotto, Kartoffelpüree, Grünkernspätzle

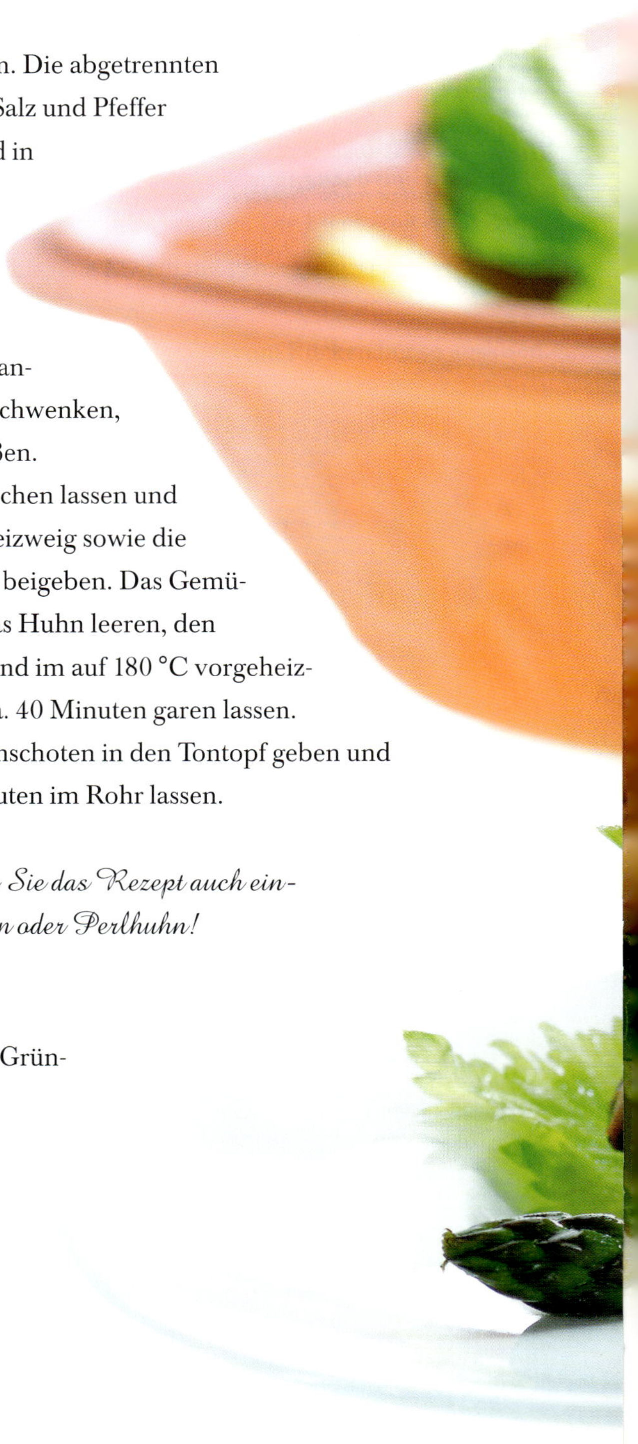

Stew vom Maishendl im Tontopf

Mit Aromen gebratenes

- Die Perlhuhnbrüste von der Silberhaut und den ersten Flügelknochen von Fleisch und Sehnen befreien. Die Rosmarinzweige mit einem Messer zuspitzen und damit die Brüste der Länge nach durchspießen.
- Alle Zutaten für die Marinade in einen kleinen Topf geben und für ca. 10 Minuten köcheln lassen. Die gespickten Perlhuhnbrüste mit der abgekühlten Marinade gleichmäßig einreiben und mit der Fleischseite nach unten für ca. eine Stunde in die Marinade einlegen. Vor dem Anbraten auf Küchenkrepp trocken tupfen. Die Fleischseite in einer Pfanne mit Traubenkernöl anbraten, wenden, Knoblauchzehen und Kräuter dazugeben und auf der Hautseite liegend im Backrohr bei 180 °C für weitere 5–6 Minuten fertig braten. Das Perlhuhn aus der Pfanne nehmen und in Folie rasten lassen. Den Bratenrückstand mit Rotwein, Geflügeljus und der Marinade aufgießen und auf die richtige Konsistenz einkochen, durch ein feines Sieb passieren und abschmecken.
- Den Strunk vom Spitzkohl entfernen, halbieren und in feine Streifen schneiden. Den Kohl in kochendem, leicht gesalzenem Wasser blanchieren, mit kaltem Wasser abschrecken und trocken tupfen. Zwei Drittel der in feine Würfel geschnittenen Schalotten mit Olivenöl anschwitzen, mit Sojamilch aufgießen, die fein geraspelte Kartoffel beimengen und unter ständigem Rühren auf die Hälfte reduzieren. Mixen, den trockenen Spitzkohl darunter rühren und mit ein wenig frisch geriebener Muskatnuss und Meersalz abschmecken.
- Die Steinpilze mit einem kleinen Messer von Erdrückständen befreien und mit einem feuchten Tuch abputzen. Das übriggebliebene Drittel der Schalotten zusammen mit den Steinpilzen in einer Pfanne mit etwas Olivenöl erhitzen, für einige Minuten in den Ofen stellen und goldgelb schmoren. Erst kurz vor dem Anrichten mit etwas Salz und Pfeffer würzen.
- Rotwein zusammen mit Waldhonig und Gewürznelken aufkochen und auf die Hälfte einreduzieren. Die gut gewaschenen Moosbeeren in den kochenden Fond geben. Ein weiteres Mal aufkochen, mit der in wenig kaltem Wasser angerührten Maisstärke dicken und vom Herd nehmen.

Für vier Personen:

Für das Perlhuhn:
4 Perlhuhnbrüste
2 Knoblauchzehen
4 Zweige Rosmarin
2 Zweige Thymian
2 Zweige Oregano
2 EL Traubenkernöl
¼ l starker Rotwein
⅛ l Geflügeljus (siehe Seite 163)
Meersalz und Pfeffer aus der Mühle

Für die Marinade:
3 EL Nussöl
3 EL Balsamico-Essig
1 TL Honig
1 EL süße Sojasauce
2 Stk. Sternanis
6 cl roter Portwein
Meersalz und Pfeffer aus der Mühle

Für Spitzkohl und Steinpilze:
1 Kopf Spitzkohl
3 Schalotten
Frisch geriebene Muskatnuss
2 EL Olivenöl
1 kl., mehlige Kartoffel, geschält
½ l Sojamilch
8 kl. Steinpilze
Meersalz und Pfeffer aus der Mühle

Für die Moosbeeren:
100 g frische Moosbeeren
2 EL Waldhonig
½ l Rotwein
2 Gewürznelken
Maisstärke

Perlhuhn-Suprême

auf Spitzkohl und Steinpilzen

Beilagenempfehlung: Grießknödel, Grünkernspätzle, Kräuterrisotto

Tipp des Arztes: Kohl beinhaltet Indole in einem Ausmaß wie kein anderes Gemüse. Diese sind äußerst wichtig für Reparaturvorgänge im Genmaterial.

Crêpinette vom Truthahn

Für vier Personen:

Für den Truthahn:

- 400 g Truthahnbrustfilet mit Haut
- 300 g Truthahnfleisch, fein faschiert
- 3–4 Schalotten, würflig geschnitten
- Olivenöl
- 1 Zweig Borretsch, fein gehackt
- 1/16 l Ziegensahne (oder dickflüssige Sojamilch)
- 2 Eiweiß
- 1 kleine Stange Lauch
- 1/8 l Geflügeljus (siehe Seite 163)
- Meersalz und weißer Pfeffer aus der Mühle

Für die roten Linsen und Bohnen:

- 300 g rote Linsen
- 300 g breite Bohnen
- 2 Schalotten, in feine Streifen geschnitten
- 1/2 l Tomatenfond
- 1/2 l Weißwein
- 1/16 l Sojamilch
- 3 Zweige Bohnenkraut
- Olivenöl
- Meersalz und schwarzer Pfeffer aus der Mühle

Truthahnbrustfilet von Sehnen und Haut befreien (die Haut für spätere Weiterverarbeitung zur Seite legen), in ca. 100 g schwere Stücke portionieren und leicht plattieren bzw. klopfen. Das eiskalte, fein faschierte Truthahnfleisch mit der Ziegensahne, Gewürzen und Eiweiß kurz in der Mulinette zu einer feinen Farce verarbeiten und durch ein Sieb streichen.

Die Schalotten in einer Pfanne mit etwas Olivenöl anschwitzen, Borretsch dazugeben, erkalten lassen und unter die Farce mengen.

Die Haut (wenn keine Haut vorhanden ist, können sie die Truthahnbrust auch in Strudelteig einschlagen) auf einem leicht befeuchteten Tuch auslegen, die plattierten Truthahnschnitzel darauf legen und mit der Fleischmasse bestreichen. Die in Salzwasser blanchierten und trockengetupften Lauchstreifen auf das Fleisch legen und mit der Haut zu einer straffen Roulade drehen. In einer bereits vorgewärmten Bratpfanne mit etwas Olivenöl anbraten und im 200 °C heißen Backofen für 10–12 Minuten knusprig fertig garen.

Die bereits vorbereiteten, 24 Stunden in lauwarmem Wasser eingeweichten roten Linsen absieben, gut abspülen und weich kochen. Die Linsen in ein Sieb leeren und mit kaltem Wasser abschrecken. Schalotten in Olivenöl anrösten, mit Weißwein ablöschen, soweit einkochen, bis fast der gesamte Wein verkocht ist. Mit Tomatenfond aufgießen, nochmals einkochen, mit der Sojamilch aufgießen, würzen und mit den Linsen ein weiteres Mal aufkochen lassen. Gehacktes Bohnenkraut untermengen und mit etwas Rohrzucker abschmecken.

mit Borretsch auf roten Linsen und Bohnen

Mit einem Gemüseschäler auf der schmalen Seite der breiten Bohnen ansetzen und dünne Streifen abschneiden. Anschließend in gut gesalzenem, kochenden Wasser kurz blanchieren, mit kaltem Wasser abschrecken und in ein Sieb leeren. In einem Topf mit etwas Olivenöl anschwitzen, mit Salz und Pfeffer würzen.

Beilagenempfehlung: Gedünsteter Naturreis, Couscous

Tipp des Arztes: Hülsenfrüchte beinhalten alle Eiweiße, die der Mensch benötigt.

Fasanenbrust

Die Fasanenbrust von Sehnen befreien und den Flügelknochen mit einem scharfen Messer blank putzen. Das Flügelfleisch am besten bereits am Vortag mit zerdrückten Wacholderbeeren, Rosmarin, Pfeffer und einem Esslöffel Maiskeimöl marinieren. Die Abschnitte der Fasanenbrust in einer Pfanne mit etwas Öl goldgelb rösten, Tomatenmark dazugeben und leicht mitrösten, bis es eine braune Farbe bekommt. Mit Rotwein und Geflügeljus ablöschen und einige Zeit köcheln lassen. Die Sauce durch ein feines Passiertuch gießen.
Die Fasanenbrust mit Rosmarinzweigen und Wacholderbeeren in wenig Maiskeimöl bei mäßiger Hitze zartrosa braten, in eine Folie einwickeln und an einem warmen Platz rasten lassen. Die Bratrückstände mit der Sauce aufgießen und solange dünsten, bis die Sauce eine dickliche, sämige Konsistenz hat.

mit glacierten Trauben und jungem Mais

- Die Blätter von den Kohlsprossen lösen, in leicht gesalzenem Wasser blanchieren und mit kaltem Wasser abschrecken.
- Die Mini-Maiskolben in einer Pfanne mit etwas Maiskeimöl goldgelb braten und mit Meersalz und Pfeffer würzen. Die Kohlsprossenblätter kurz vor dem Anrichten mit den gebratenen Maiskolben in der Pfanne schwenken.
- Traubensaft, Portwein und Honig in einem kleinen Topf auf ein Drittel einkochen, anschließend mit etwas Maisstärke dicken und die Traubenhälften unterrühren. Für einige Minuten köcheln lassen. Kurz vor dem Anrichten mit einigen Tropfen Balsamico-Essig verfeinern.

Mein Tipp: Vorsicht!! Da der Fasan mit Schrot geschossen wird, bitte auf Schrotkörner achten! Da die Fasanenbrust leicht trocken wird, empfehle ich, sie nur bei mäßiger Hitze und nicht zu lange zu braten.

Beilagenempfehlung:
Rosmarin-Polenta, Grießknödel

Für vier Personen:

Für die Fasanenbrust:

4 Fasanenbrüste mit Flügelknochen
3 Zweige frischer Rosmarin
6 Wacholderbeeren
3 EL Maiskeimöl
¼ l kräftiger Rotwein
½ l Geflügeljus (siehe Seite 163)
1 TL Tomatenmark
250 g Mini-Maiskolben
150 g Kohlsprossen
Meersalz und Pfeffer aus der Mühle

Für die glacierten Trauben:

½ kg blaue Trauben, halbiert und entkernt
½ l blauer Traubensaft
1/16 l roter Portwein
1 EL Honig
Balsamico-Essig, dunkel und kräftig
1 TL Maisstärke

Brust und Keule von der Wachtel auf Eierschwammerln

- Die Wachteln mit kaltem Wasser waschen und auf Küchenkrepp trocken tupfen. Jeweils Brust und Keulen von den Karkassen trennen, indem man sie mit einem scharfen Messer seitlich von den Brustknochen herunterlöst. Die Brüste von den Keulen trennen, danach Flügel- und Keulenfleisch von Sehnen befreien (kleine Fleischstücke der Keulen beiseite legen, da sie anschließend zum Füllen der Keulen benötigt werden).
- Die in Würfel geschnittenen Schalotten in Olivenöl sautieren und mit den gehackten Kräutern vermischen. Die Fleischreste (keine Sehnen oder Haut) fein schneiden und mit den sautierten Kräuterschalotten vermengen. Die Vollkornbrösel mit dem Eigelb dazugeben und alles gut verrühren.
- Die inneren Keulenknochen entfernen und die Keulen mit der Masse füllen. Die Haut mit einem Zahnstocher überlappend zusammenstecken, sodass die Fülle jeder Keule rundherum eingewickelt ist. Brust und Keule mit weißem Pfeffer und Meersalz aus der Mühle würzen. Die Innenseite des Fleischs kurz in der heißen Pfanne mit Olivenöl, Rosmarin und Knoblauchzehen anbraten, wenden und langsam auf der Hautseite fertig braten, sodass die Haut schön knusprig wird. Aus der Pfanne nehmen und mit einer Folie bedeckt für einige Minuten rasten lassen. Die Bratrückstände mit Rotwein und Geflügeljus ablöschen, einkochen, durch ein feines Sieb gießen und abschmecken.
- Eierschwammerl mit einem kleinen Messer von Erdrückständen befreien und mit einem feuchten Tuch abputzen. In einer heißen Pfanne mit etwas Olivenöl und Knoblauch anschwitzen, anschließend die Schalotten beigeben und mitrösten. Mit Weißwein ablöschen, bis zur Hälfte einkochen und mit Sojamilch aufgießen. Erneut einkochen, bis eine cremige Konsistenz

entsteht, abschmecken, ein wenig frisch gehacktes Bohnenkraut dazugeben und ein weiteres Mal kurz aufkochen. Zuletzt gezupften Thymian beimengen und anrichten.

- Die Strauchtomaten gut waschen und mitsamt der Stängel in vier Teile schneiden. Auf ein mit Backpapier ausgelegtes Blech geben, mit Olivenöl beträufeln und mit Meersalz und schwarzem Pfeffer würzen. Die zerdrückten Knoblauchzehen mit den Thymianzweigen über die Tomaten verteilen und im Backofen bei 200 °C 10–15 Minuten schmoren lassen, sodass die Schale leicht aufplatzt.

Beilagenempfehlung: Kräuterrisotto, Gerührte Rosmarinpolenta

Für vier Personen:

Für die Wachtel:

4 Stück Wachteln, küchenfertig
Meersalz
4 Zweige Rosmarin
2 Knoblauchzehen, geschält
Nussöl
Olivenöl
2 Schalotten
Fein gehackte Kräuter (Petersilie, Thymian, und Majoran)
50 g Vollkornbrösel
1 Eigelb
½ l Geflügeljus (siehe Seite 163)
½ l Rotwein
Weißer Pfeffer aus der Mühle

Für das Eierschwammerl-Ragout:

250 g frische Eierschwammerl (Pfifferlinge)
4 Schalotten, geschält und fein würfelig geschnitten
⅛ l Weißwein
1 Knoblauchzehe, mit dem Messerrücken zerdrückt
100 ml Sojamilch
4 Zweige Thymian gehackt
1 Zweig Bohnenkraut
Weißer Pfeffer aus der Mühle
Meersalz
Olivenöl

Für die Strauchtomaten:

250 g Strauchtomaten mit Stängel
Olivenöl
2 geschälte Knoblauchzehen
3 Thymianzweige
Meersalz
Schwarzer Pfeffer aus der Mühle

Coq au vin rouge

(Junger Hahn in Rotwein)

Die Hühnerbrüste von Knochen lösen und halbieren. Die abgetrennten Hühnerkeulen genau im Gelenk halbieren (je nach Belieben mit oder ohne Haut). Mit Rosmarin, geknicktem Lorbeerblatt, Liebstöckel, Wacholderbeeren, halbiertem jungem Knoblauch, Karotten, Knollensellerie, Gelben Rüben, Perlzwiebeln, einem Esslöffel Olivenöl, etwas Pfeffer und Rotwein marinieren und für mindestens 2–3 Stunden bei Zimmertemperatur ziehen lassen.

Mein Tipp: Das Hühnerfleisch nicht salzen, da es ansonsten trocken wird. Je länger das Huhn mariniert wird, desto saftiger und intensiver schmeckt es nach Rotwein und frischen Kräutern. Daher ist es sinnvoll es bereits am Vortag zu marinieren und kühl zu lagern.

Das Hühnerfleisch aus der Marinade nehmen, trocken tupfen und mit Meersalz würzen. Etwas Olivenöl in einer heißen Pfanne erhitzen und das Huhn auf allen Seiten kurz anbraten. Auf einen Teller legen. In der selben Pfanne die zuvor abgetropften Gemüsewürfel goldgelb anrösten. Tomatenmark mitrösten bis es eine braune Farbe hat. Mit der Rotweinmarinade aufgießen, mit den Kräutern aufkochen lassen und den Schaum abschöpfen. Fleisch dazugeben und dünsten lassen. Kurz bevor das Fleisch gar ist, die Jungzwiebeln sowie die geviertelten und kurz angebratenen Champignons dazugeben, abschmecken, eventuell mit Sago oder Maisstärke binden und mit gehackter Petersilie bestreuen.

Beilagenempfehlung: Grünkernspätzle, Gerührte Polenta, Perlweizen

Coco Chanels Rezept

Für vier Personen:

1 ½ ausgenommene Hühner
1 Flasche kräftiger Rotwein
1 frisches Lorbeerblatt
1 Zweig frischer Rosmarin
1 Zweig frischer Liebstöckel
1 kl. Bund Petersilie
3 Wacholderbeeren
4 Karotten, geschält und in 1 cm breite Würfel geschnitten
2 Gelbe Rüben, geschält und in 1 cm breite Würfel geschnitten
1 Stück Knollensellerie, geschält und in 1 cm breite Würfel geschnitten
1 Stk. junger Knoblauch
20 Stk. Perlzwiebeln
150 g Champignons
1 Bund Jungzwiebeln
3 EL Olivenöl
2 EL Tomatenmark
Weißer Pfeffer aus der Mühle
Meersalz

Keulen von der Barbarieente mit Artischocken

- Entenkeulen abwaschen und mit Küchenkrepp trocken tupfen. Den Mittelknochen mit einem scharfen Messer herauslösen. Die überlappende Haut und das Fleisch mit einem Rosmarinzweig zusammenspießen. Mit Meersalz und Pfeffer aus der Mühle würzen. Die Entenkeulen in einer vorgewärmten Pfanne mit etwas Olivenöl rundum goldgelb anbraten und aus der Pfanne nehmen. Die Bratrückstände mit den ausgelösten Knochen leicht anrösten, Tomatenmark dazugeben und kurz mitrösten, mit Rotwein ablöschen, einkochen lassen und mit Geflügeljus aufgießen. Knoblauch, Kräuter und geschälte Schalotten in die Sauce geben, Keulen obenauf legen und im Backrohr bei 170 °C für 1–1½ Stunden schmoren lassen. Dabei mehrmals mit der Sauce übergießen. Wenn die Keulen weich sind, aus dem Ofen nehmen, die ausgelösten Knochen entfernen, die Sauce abschmecken und mit den gebratenen Artischocken, mitgeschmorten Schalotten und Cherrytomaten anrichten.
- Die äußeren Blätter von den Artischocken abbrechen, den Artischockenboden mit einem kleinen Messer rund ausschneiden, das Stroh mit einem Parisienne-Ausstecher ausschaben, die jungen Stiele schälen und mit Zitronensaft einreiben. Die Artischocken halbieren und in einer Pfanne mit reichlich Olivenöl goldgelb anbraten.
- Die Cherrytomaten (können vorher geschält werden) mit Olivenöl, Knoblauch und Thymian auf ein Backblech legen, mit etwas Meersalz bestreuen und für ca. 2 Stunden im Ofen bei 80 °C trocknen. Die getrockneten Tomaten kurz vor dem Anrichten in der Sauce warm machen.

Beilagenempfehlung: Kartoffelknödel, gerührte Rosmarin-Polenta

Tipp des Arztes: Wie die ayurvedische Medizin seit Jahrhunderten weiß, kann kein Pflanzeninhaltsstoff die Leber so gut entgiften wie Silymarin. Diese Substanz ist in allen Distelarten zu finden – von der Mariendistel bis hin zur Artischocke.

und getrockneten Cherrytomaten

Für vier Personen:

Für die Barbarieente:

4 Barbarieentenkeulen
4 Zweige Rosmarin
1 Zweig Thymian
2 Lorbeerblätter
12 Schalotten
2 EL Tomatenmark
½ l kräftiger Rotwein
Olivenöl
4 Knoblauchzehen
250 g Cherrytomaten
½ l Geflügeljus (siehe Seite 163)
Meersalz und Pfeffer aus der Mühle

Für die Artischocken:

12 mittelgroße, junge Artischocken
2 Zitronen
Olivenöl

Für die Cherrytomaten:

300 g Cherrytomaten mit Stängel
2 Knoblauchzehen
Olivenöl
2 Zweige Thymian
Meersalz

Geschmorte Bauerngans

- Die Gans innen und außen waschen und trocken tupfen. Flügel und Hals abschneiden und zur Seite legen. Zwei Zwiebeln vierteln. Zwei Äpfel vierteln und entkernen. Zwiebeln, Äpfel, Nelken und die grob geschnittenen Kräuter in einem Topf vermengen und mit den Händen leicht zerdrücken.
  Den Bauchraum der Gans mit Meersalz und Pfeffer würzen und mit der Zwiebel-Apfel-Masse füllen.
- Den letzten Apfel und die letzte Zwiebel vierteln und zusammen mit Hals und Flügel in einen großen Schmortopf legen. Die mit Beifuß, Meersalz und Pfeffer eingeriebene Gans darauf setzen und mit Geflügelfond begießen.
  Den Schmortopf auf die unterste Schiene des auf 170 °C vorgeheizten Backofens schieben und für 2½ – 3 Stunden garen lassen. Dabei die Gans immer wieder mit dem Schmorfond übergießen. Wenn die Gans weich ist, diese aus dem Schmortopf und auf ein Blech geben und mit einer Folie abgedeckt für etwa eine halbe Stunde rasten lassen.
- Honig, Rosinen und Walnüsse in einer kleinen Pfanne warm machen, hacken und die mit einem runden Apfel-Ausstecher entkernten, kleinen roten Äpfel damit füllen.
- Den Strunk des Wirsingkopfes entfernen, 6 große äußere Wirsingblätter in leicht gesalzenem, kochendem Wasser überkochen und mit kaltem Wasser abschrecken.
  Den restlichen Wirsingkopf halbieren und in ein Zentimeter dicke Streifen schneiden. Im selben Wasser wie zuvor die Blätter blanchieren, mit kaltem Wasser abschrecken und zum Trocknen beiseite stellen. Die geschälten und in Würfel geschnittenen Schalotten mit Rapsöl anschwitzen, mit Sojamilch aufgießen, würzen, aufkochen, die geschälte und in kleine Würfel geschnittene Kartoffel sowie den Wirsing beigeben und weich dünsten. Abschließend pürieren.
  Die trockengetupften Wirsingblätter auf ein Tuch legen, mit dem Püree füllen und zu Rouladen zusammenrollen.
- Die Wirsingrouladen und die Bratäpfel auf ein kleines Blech legen, mit etwas Wasser und Gänsefett übergießen und in den Backofen schieben.
- Gänsesauce in eine Schüssel abgießen. Den Schmortopf wieder auf den Herd stellen, die Bratrückstände leicht anrösten, Tomatenmark dazugeben, kurz mitrösten, mit Rotwein ablöschen, einkochen lassen und mit Gänsejus aufgießen. Erneut einkochen und die Gänsefülle dazugeben. Abschmecken, je nach Bedarf mit Maisstärke eindicken und durch ein feines Sieb passieren. Kurz vor dem Anrichten die Vogelbeeren mit Honig und 3 Esslöffeln Vogelbeerfond erwärmen und in die Bratensauce rühren.
- Die Bauerngans kurz vor dem Servieren erneut in das auf 220 °C geheizte Backrohr geben, bis die Haut braun und knusprig ist.

mit Vogelbeersauce und Wirsingrouladen

Mein Tipp: Mit einer Ente können Sie nach dem gleichen Rezept verfahren.

Beilagenempfehlung: Kartoffel- oder Grießknödel

Für vier bis sechs Personen:

Für die Bauerngans:

1 küchenfertige Bauerngans (ca. 4 kg)
1 l Geflügelfond (siehe Seite 163)
Meersalz und Pfeffer aus der Mühle
4 EL Maiskeimöl
2 EL Tomatenmark

Für die Gänsefülle:

3 vollreife Äpfel (1 Stk. zum Mitbraten)
3 Zwiebel (1 Stk. zum Mitbraten)
1 Bund Beifuß
1 Zweig Eisenkraut
2 Zweige Majoran
1 Zweig Rosmarin
4 Wacholderbeeren
3 Gewürznelken

Für die Vogelbeeren:

Maisstärke nach Bedarf
1 Glas Vogelbeeren
2 EL Honig
1 Flasche kräftiger Rotwein

Für die Bratäpfel:

6 kl., rote Äpfel
2 EL Honig
1 EL Rosinen
2 EL Walnüsse

Für die Wirsingrouladen:

1 großer Wirsingkopf
1 mehlige Kartoffel
2 EL Rapsöl
3 Schalotten
½ l Sojamilch
Muskatnuss
Salz und Pfeffer aus der Mühle

Geeistes Melonensüppchen mit Haferflockenhippen und Granatapfelsorbet

Für vier Personen:

Für das Melonensüppchen:

4 vollreife Honigmelonen

4 cl roter Portwein

4 cl weißer Portwein

2 Zweige frische Minze

Für die Haferflockenhippen:

150 g Vollkornmehl

50 g feine Haferflocken

100 g Pflanzenmargarine, lauwarm

200 g Eiweiß

150 g Honig

Für das Granatapfelsorbet:

4 vollreife Granatäpfel

½ l Rotwein

⅛ l roter Portwein

3 EL Honig

4 Gewürznelken

½ Vanilleschote

Melonen halbieren und Kerne mit einem Löffel entfernen. Zuerst mit einem Parisienne-Ausstecher ca. 20 Melonenstücke für die Einlage ausstechen.

Den Rest mit einem Löffel aus der Schale kratzen, in eine Schüssel geben, mit rotem und weißem Portwein vermengen, mit einem Stabmixer fein pürieren und im Eisschrank kühl stellen.

Die ausgehöhlten Melonen auf gestoßenem Eis anrichten, die gekühlte Suppe eingießen, die vorbereiteten Melonenstücke hinzugeben und mit frischen Minzeblätter garnieren.

Alle Zutaten für die Haferflockenhippen zusammengeben, zu einer glatten Masse verarbeiten und eine halbe Stunde stehen lassen. Anschließend mit einem Löffel nussgroße Nockerl ausstechen, auf ein Backpapier geben, mit dem Löffelrücken kreisförmig zu hauchdünnen Scheiben drücken und im Ofen bei 180 °C hellbraun backen. Aus dem Ofen nehmen, mit einer Palette vom Backpapier lösen und noch im warmen Zustand zu einer spitz zusammenlaufenden Tüte drehen.

Die Schale der Granatäpfel mit einem spitzen Messer der Quere nach rundum einschneiden, über eine Schüssel halten, die obere und untere Hälfte gegengleich drehen und trennen. Kerne herauslösen. Die Granatapfelkerne zusammen mit Rotwein, Portwein, Honig, Nelken, Vanilleschote und einem Liter Wasser in einen Kochtopf geben, aufkochen und auf etwa einen halben Liter einreduzieren. Die Temperatur dabei so regulieren, dass der Granatapfelfond leicht köchelt. Die Masse durch ein feines Passiersieb streichen, abkühlen lassen und in der Eismaschine solange frieren, bis die Masse cremig und steif ist.

Mein Tipp: Eine reife Melone erkennen Sie ganz leicht daran, dass sie am Strunk weich ist und einen honigähnlichen Duft verströmt.

Tipp des Arztes: Im Granatapfel sind Phytohormone zu finden, welche starke Radikalfänger sind.

Zweierlei von der Feige

Für vier Personen:

Für die Feigen:

8 reife, frische Feigen

300 g schwarze Johannisbeeren (einige Beeren zur Garnierung zurückbehalten)

1 EL Honig

1/16 l Cassislikör

1/2 l Rotwein

1 Zweig Minze

4 kl. Strudelteigblätter

Für das Granité:

50 g Ginsengwurzel

1/8 l Roséwein

1/8 l weißer Portwein

1/4 l Apfelsaft

1 Limette

2 EL Honig

- Die Beeren von den Rispen befreien und mit Honig, Cassislikör und Rotwein für einige Minuten kochen, mixen und durch ein feines Sieb streichen.
- Die Schale von 4 Feigen mit einem scharfen Messer schälen. Die ungeschälten 4 Feigen in dünne Scheiben schneiden, in das noch warme Beerenmark einlegen und einige Stunden ziehen lassen.
- Die 4 geschälten Feigen in die Mitte des Strudelteiges setzen und dessen Seiten über der Feige zusammenziehen, sodass dabei 4 Feigensäckchen entstehen. Die Feigen im Strudelteig auf ein mit Backpapier ausgelegtes Blech legen und im Ofen bei 180 °C für 8–10 Minuten goldgelb backen.
- Die Ginsengwurzel schälen, in feine Würfel schneiden, Honig, Portwein und Roséwein hinzufügen und zur Hälfte einkochen. Erkalten lassen, mit Limetten- und Apfelsaft aufgießen, gut vermischen und mehrere Stunden in einer Schüssel im Tiefkühlschrank frosten. Bevor der Fruchtsaft gefriert, öfters umrühren. Erst kurz vor dem Anrichten die gefrorene Fruchtsaftmasse mit einem Löffel schaben und in einer kleinen Schale anrichten.

auf schwarzer Johannisbeersauce mit Ginseng-Granité

Mein Tipp: Granité ist eine gute Alternative für all diejenigen, die keine Eismaschine haben und kann mit allen Fruchtsäften gemacht werden.

Tipp des Arztes: Feigen sind folsäurehaltig, Johannisbeeren sind starke Radikalfänger und Ginseng beinhaltet das stärkste bekannte pflanzliche männliche Hormon.

Mille-Feuilles

Für vier Personen:

Für die Mousse:

6 Eiweiß (nur absolut frische Eier verwenden)

80 g brauner Rohrzucker

3 Eigelb

1 Ei

4 cl Grand Marnier

Salz

320 g Kuvertüre mit mindestens 85% Kakaoanteil

4 Blattgelatine, in kaltem Wasser eingeweicht

½ l frische Ziegensahne

Mark einer halben Vanilleschote

1 EL fein geriebene Kakaobohnensplitter

Für die Törtchen:

200 g Kuvertüre mit mindestens 85% Kakaoanteil

Für das Heidelbeerragout:

200 g Heidelbeeren (können auch tiefgefroren sein)

1/8 l Rotwein

80 g brauner Rohrzucker

Saft einer halben Zitrone

100 g frische Heidelbeeren (für die Einlage)

Frische Minze zur Garnierung

Die Kuvertüre in kleine Stücke schneiden oder brechen und in einer Schüssel über heißem Wasser erwärmen. (Wichtig: Das Wasser darf nicht kochen und es darf kein Wasser in die Kuvertüre gelangen!) Während die Schokolade langsam schmilzt, die Eigelb mit einem gesamten Ei und einer Prise Salz über Dampf schaumig schlagen. Die Eiweiß erst halbsteif schlagen, dann mit braunem Rohrzucker zu schnittfestem Eischnee ausschlagen. Nun auch die Sahne schlagen und kühl stellen. Wenn die Kuvertüre geschmolzen ist, diese vorsichtig unter die Eigelbmasse rühren und die in Grand Marnier aufgelöste Gelatine untermengen.
Zuletzt steifgeschlagenes Eiweiß, Sahne und Kakaobohnensplitter mit einem Schneebesen vorsichtig unterheben. In eine verschließbare Schüssel geben und über Nacht in den Kühlschrank stellen.

Die Kuvertüre für die Törtchen mit einem scharfen Messer schaben, sodass dabei grobe Schokoladespäne entstehen. Die Schokoladespäne zu einem runden Boden von etwa 5 Zentimetern Durchmesser auflegen. (Am besten in einer entsprechenden, sowohl unten, wie auch oben offenen Form.) Das Mousse in einen Spritzsack füllen und etwa einen Zentimeter hoch auf die Schokoladespäne spritzen. Diesen Vorgang wiederholen, bis das Törtchen eine Höhe von ca. 8–10 Zentimeter erreicht hat. Abschließend das Törtchen mit den restlichen Schokoladespänen ummanteln.

Die 200 g Heidelbeeren zusammen mit Rohrzucker, Zitronensaft und Rotwein aufkochen und mit einem Stabmixer fein pürieren, durch ein feines Passiersieb seihen, die Einlage vorsichtig unterrühren und kaltstellen.

von der Kakaobohne auf Heidelbeerragout

- Tofu durch ein ganz feines Passiersieb drücken und mit Ei und Eigelb glatt rühren. Mit den restlichen Zutaten außer den Dinkelbrotbröseln zu einer cremigen, glatten Masse schlagen, die getrockneten Brösel einrühren und für eine halbe Stunde im Kühlschrank rasten lassen. Die Masse zu walnussgroßen Kugeln formen und in leicht gesalzenem, siedendem Wasser solange ziehen lassen, bis die Knödel obenauf schwimmen (ca. 12 Minuten).
- Die Brösel zusammen mit dem Distelöl goldgelb rösten, Vanillezucker dazugeben und die gekochten, abgetropften Tofuknödel vorsichtig darin wälzen.

Für vier Personen:

Für die Tofu-Vanille-Knödel:

260 g frischer, weicher Tofu
1 Ei
1 Eigelb
10 g Maiskeimöl
Mark einer ½ Vanilleschote
Schale einer ½ unbehandelten Zitrone
1 Prise Salz
80 g trockene Dinkelbrotbrösel
2 EL Haselnussöl

Für die Vanillebrösel:

120 g Dinkelbrotbrösel
4 EL Distelöl
1 EL Vanillezucker

Für den Holunderbeerenröster:

200 g Holunderbeeren von der Rispe, gerebelt
1 Zimtstange
2 EL Honig
3 Stk. Sternanis
⅛ l Rotwein
1 EL Zitronensaft

Für den Zwetschkenröster:

200 g vollreife Zwetschken
1 Zimtstange
2 EL Honig
½ Vanillestange
3 Gewürznelken
⅛ l Rotwein
1 EL Zitronensaft

Tofu-Vanille-Knödel auf Holunderbeeren- und Zwetschkenröster

Zwei Drittel der Holunderbeeren zusammen mit den restlichen Zutaten in einer kleinen Schüssel vermengen und für 1–2 Stunden kühl stellen. Die marinierten Holunderbeeren in einem kleinen Topf unter ständigem Rühren zum Kochen bringen, etwa 10 Minuten leicht weiter köcheln lassen. Zimtrinde und Sternanis aus der Holunderbeerensauce nehmen und kurz mit einem Pürierstab mixen. Durch ein feines Passiersieb streichen und noch im warmen Zustand die restlichen Beeren untermengen und kühl stellen.

Die Zwetschken halbieren, entkernen und vierteln. Vanillemark aus der Schote kratzen und mit den restlichen Zutaten in einer kleinen Schüssel vermengen. Für 1–2 Stunden kühl stellen. Die marinierten Zwetschken in einem kleinen Topf unter ständigem Rühren zum Kochen bringen. Einige Minuten leicht köcheln lassen, vom Herd nehmen und abkühlen lassen.

Mein Tipp: Den Tofu können sie auch durch frischen, ungesalzenen Ziegentopfen ersetzen.

Rhabarber-Erdbeer-Gratin
mit Soja-Joghurt-Eis

- Erdbeeren vorsichtig waschen, auf Küchenkrepp trocken tupfen, halbieren und den Strunk entfernen.
  Rhabarber waschen, schälen, in 2 Zentimeter große Stücke schneiden. Einen achtel Liter Wasser, Weißwein, Honig und Lavendel in einem Topf aufkochen. Den vorbereiteten Rhabarber hinzufügen, nochmals kurz aufkochen lassen, vom Herd nehmen und an einen kühlen Ort stellen. Die Erdbeeren in den lauwarmen Rhabarberfond legen und zusammen mit dem Rhabarber gänzlich auskühlen lassen. Den Fond in eine Schüssel abgießen und die Früchte ohne Fond in einen Suppenteller geben.
- Ziegentopfen mit Süßstoff, Maisstärke, Eigelb, Vanillemark, Zitronenschale und Rum zu einer glatten Masse rühren. Eiweiß halbsteif schlagen, mit braunem Rohrzucker steif ausschlagen und unter die Topfenmasse heben. Die Früchte mit der Gratiniermasse nappieren und im Ofen bei 190 °C Oberhitze goldgelb backen.
- Honig in einem viertel Liter Erdbeer-Rhabarber-Fond auflösen und mit den restlichen Zutaten verrühren. Anschließend in der Eismaschine solange frieren, bis die Masse cremig ist.

Mein Tipp: Der Rhabarber bekommt eine schönere rote Färbung, wenn Sie die Rhabarberschale zuvor im Erdbeer-Rhabarber-Fond auskochen. Dieses Gratin können Sie mit vielen Früchten zubereiten.

Für vier Personen:

Für die Gratiniercreme:

500 g frischer Ziegentopfen

2 EL Rum

4 Eier

1 Tropfen Süßstoff

Schale einer halben, unbehandelten Zitrone, gerieben

Mark einer halben Vanilleschote

60 g Maisstärke

70 g brauner Rohrzucker

Für die Einlage:

120 g Erdbeeren

250 g Rhabarber

1 Lavendelzweig

2 EL Honig

½ l Weißwein

Für das Soja-Joghurt-Eis:

300 ml Sojadrink

200 g Ziegenjoghurt

½ l Erdbeer-Rhabarberfond

Saft von einer Zitrone

50 g Honig

2 cl Kirschwasser

- Für die Gratiniermasse Ziegentopfen mit Süßstoff, Maisstärke, Eigelb, Vanillemark, und Zitronenschale zu einer glatten Masse rühren. Eiweiß halbsteif schlagen, mit braunem Rohrzucker steif ausschlagen und unter die Topfenmasse heben.
- Marillen halbieren, entkernen und mit dem Likör einige Minuten ungekühlt marinieren lassen. Die Marillen in den vorgebackenen Mürbteigschüsseln verteilen, mit der Gratiniermasse nappieren und im Backrohr bei 180° C Oberhitze goldgelb backen.
- Die Marillen für das Marillenragout halbieren, entkernen, mit den restlichen Zutaten in einer kleinen Schüssel vermengen und für 1–2 Stunden an einem kühlen Ort ziehen lassen. Die marinierten Marillen in einem Topf unter ständigem Rühren zum Kochen bringen. Vom Herd nehmen und abkühlen lassen.
- Sojamilch mit Vanillemark und Zucker zum Kochen bringen. Anschließend das Puddingpulver mit den Eigelb und etwas Sojamilch vermengen und unter die leicht kochende Milch rühren. Vom Herd nehmen, durch ein feines Passiersieb streichen und kalt stellen. Kurz vor dem Anrichten mit einem Pürierstab aufschäumen.
- Himbeeren mit Honig und wenig Wasser kurz aufkochen, durch ein feines Passiersieb streichen und mit den restlichen Zutaten gut verrühren. Kurz kühlen lassen. Anschließend in der Eismaschine solange frieren, bis die Masse eine cremige Konsistenz hat.

Mein Tipp: Dieses Rezept eignet sich für viele Früchte (z.B. für Kirschen oder Zwetschken).

Für vier Personen:

Für die Marillentarte:

4 Mürbteigschüsseln (siehe Seite 166)
300 g reife Marillen
80 g frische Himbeeren (zur Garnierung)
4 cl Marillenlikör
125 g frischer Ziegentopfen
1 Ei
1 Tropfen Süßstoff
Schale einer halben, unbehandelten Zitrone, gerieben
Mark einer halben Vanilleschote
15 g Maisstärke
20 g brauner Rohrzucker

Für das Marillenragout:

200 g vollreife Marillen (Aprikosen)
1 Zimtstange
1 EL Honig
3 Gewürznelken
⅛ l weißer Süßwein
1 EL Zitronensaft

Für die Vanillecreme:

160 ml Sojamilch
½ Vanilleschote
5–10 g Vanillepuddingpulver
1 Eigelb
20 g brauner Rohrzucker

Für das Himbeer-Cremeeis:

300 ml Sojamilch
200 g Ziegenjoghurt
200 g Himbeeren
Saft einer Zitrone
2 EL Honig
2 cl Himbeerlikör

Warme Marillentarte

mit Himbeer-Cremeeis

Crème brûlée
mit Tomaten-Estragon-Confit
und Ziegentopfen-Eis

Milch, Sahne und das Mark einer Vanilleschote aufkochen und mit Maisstärke dicken. Eigelb und Rohrzucker schaumig schlagen und unter die heiße Milchsahne rühren. Durch ein feines Passiersieb streichen und in 4 flache Schalen abfüllen, anschließend im vorgeheizten Backrohr bei 120° C für ca. 15 Minuten fertig garen.
Aus dem Ofen nehmen, mit Folie bedecken und für mindestens 2–3 Stunden kühl stellen. Kurz vor dem Servieren mit ein wenig Rohrzucker bestreuen. Den Rohrzucker mit einem Bunsenbrenner beflammen, sodass er gleichmäßig hellbraun karamellisiert.

Tomaten an der Oberseite kreuzweise einschneiden, blanchieren und mit kaltem Wasser abschrecken. Schälen, vierteln, die Tomatenkerne ausschneiden und die Stängelansätze entfernen. Die geviertelten Tomaten auf ein Blech legen, mit Walnussöl, Vanillemark, Orangenschale, Zitronenschale und einem Zweig Estragon marinieren, etwas pfeffern und bei 70 °C im Heißluftofen für 2–3 Stunden trocknen lassen.
Orangensaft und Zitronensaft kurz einkochen, mit den getrockneten Tomaten und 12–15 gezupften Estragonblättern vermischen, abdecken und für 1–2 Stunden ziehen lassen.

Sojamilch mit Honig kurz aufkochen, mit den restlichen Zutaten mixen und durch ein feines Sieb seihen. Anschließend in der Eismaschine solange frieren, bis die Masse eine cremige Konsistenz hat.

Für vier Personen:

Für die Crème brûlée:
175 g Ziegensahne (oder Sojamilch)
175 g Ziegenmilch
1 Vanilleschote
1 Prise Salz
4 Eigelb
50 g brauner Rohrzucker
10 g Maisstärke

Für das Tomaten-Estragon-Confit:
6 Tomaten
2 EL Walnussöl
1 Vanilleschote
Saft von 4 Orangen
Schale einer unbehandelten Orange
Saft und Schale einer unbehandelten Zitrone
2 Zweige Estragon
Pfeffer aus der Mühle

Für das Ziegentopfen-Eis:
200 ml Sojamilch
200 g Ziegenjoghurt
200 g Ziegentopfen
Saft und Schale von 2 Orangen
Saft einer Zitrone
4 EL Honig

Beilagen

Grießknödel

Die mit Salz, Pfeffer und Muskatnuss gewürzte Sojamilch aufkochen und etwa 200 Gramm Grieß sorgfältig unterrühren, bis sich die Masse vom Boden des Topfes löst. Die noch warme Masse mit den Eiern und dem restlichen Grieß glatt rühren und erkalten lassen. Gleichmäßige, walnussgroße Knödel formen und in kochendem, leicht gesalzenem Wasser für ca. 12 Minuten am Siedepunkt ziehen lassen. Kurz vor dem Servieren mit in etwas Nussöl gerösteten Vollkornbrösel überstreuen.

Für vier Personen:

250 g Grieß
½ l Sojamilch
3 Eier
Muskatnuss
Meersalz und Pfeffer aus der Mühle
80 g Enten- oder Gänsefett
3 EL Vollkornbrösel

Kartoffelknödel

Für vier Personen:

½ kg mehlige Kartoffeln
2 Eier
200 g griffiges Vollkornmehl
50 g Weizengrieß
Salz und Pfeffer aus der Mühle
Muskatnuss
Majoranblätter
Distelöl

Die bereits am Vortag in der Schale gekochten Kartoffel schälen und durch ein feines Passiersieb drücken. Mit wenig Muskatnuss, Salz und Pfeffer würzen und mit den restlichen Zutaten schnell zu einem geschmeidigen Teig verarbeiten.

Gleichmäßige, walnussgroße Knödel formen, in kochendem, leicht gesalzenem Wasser ca. 10 Minuten kochen und weitere 5 Minuten am Siedepunkt ziehen lassen. Abschließend kurz mit etwas Distelöl und gezupften Majoranblätter braten.

Für vier Personen:

180 g griffiges Grünkernmehl
70 g glattes Vollkornmehl
2 EL Ziegenmilchtopfen
Nussöl
3 Eier
2 Eigelb
Salz
Muskatnuss

Grünkernspätzle

Mehl, Eigelb, Eier, Muskatnuss, Salz und Topfen zu einem glatten Teig verrühren und durch ein Spätzlesieb in leicht gesalzenes, kochendes Wasser pressen. Kurz überkochen, abseihen, mit kaltem Wasser übergießen und abtropfen lassen. In einer Pfanne mit etwas Nussöl erwärmen und mit Meersalz und ein wenig Pfeffer abschmecken.

Mein Tipp: Mit diesem Rezept können Sie je nach Mehlsorte jegliche Art von Spätzle zubereiten!

Perlweizen/Zartweizen

Für vier Personen:

200 g Perlweizen (z.B. von Ebli)
2 Schalotten, in kleine Würfel geschnitten
1 Karotte
1 kl. Lauchstange
½ Sellerieknolle
1 Zweig frische Petersilie
2 EL Olivenöl
Salz und Pfeffer aus der Mühle
½ l Geflügel- oder Tomatenfond (siehe Seite 163 oder 165)
1 kl. Bund Schnittlauch

Perlweizen in kaltes Wasser geben und für ca. eine Stunde quellen lassen. Karotte und Sellerieknolle waschen, schälen und in kleine Würfel schneiden. Lauch halbieren, unter fließendem Wasser abwaschen und ebenfalls in kleine Würfel schneiden.

Schalotten mit etwas Olivenöl glasig anrösten. Perlweizen abtropfen lassen und mit dem Gemüse kurz zu den Schalotten geben. Schwenken und mit dem Fond aufgießen. In einem geschlossenen Gefäß für 8 Minuten leicht köcheln lassen, von der Herdplatte nehmen und für weitere 20 Minuten quellen lassen. Nochmals erwärmen, mit Salz und Pfeffer würzen und mit gehacktem Schnittlauch verfeinern.

Mein Tipp: Dieses Rezept können Sie zur Zubereitung aller Getreidearten anwenden. Beachten Sie jedoch bitte, dass das Getreide oft über Nacht in kaltes Wasser eingeweicht werden muss und sich die Garzeit je nach Art um Etliches verlängern kann.

Für vier Personen:

200 g roten Camargue-Reis (Sumpfreis aus der Camargue)

2 EL Schalotten, fein gewürfelt

Etwas Olivenöl

1 Knoblauchzehe

½ l Geflügelfond (siehe Seite 163)

⅛ l trockener Weißwein

1 frisches Lorbeerblatt

Salz und Pfeffer aus der Mühle

Camargue-Reis

Schalotten in Olivenöl anschwitzen, dann den gewaschenen Reis hineinstreuen und schwenken, bis er glasig wird. Mit Pfeffer, Salz, Lorbeerblatt und der Knoblauchzehe würzen. Mit Weißwein ablöschen und unter ständigem Schwenken dünsten lassen. Immer wieder mit heißem Geflügelfond aufgießen, sobald die Flüssigkeit verkocht ist. Diesen Vorgang solange wiederholen, bis der Reis leicht körnig gekocht ist.

Mein Tipp: Sie sollten darauf achten, dass Sie ein Gefäß verwenden, in dem sich der Reis schwenken lässt. Nur so lässt sich das Umrühren vermeiden, das bewirkt, dass der Reis klebrig wird.

Für vier Personen:

200 g Natur-Reis

3 EL Rapsöl

4 Schalotten

1 frisches Lorbeerblatt

250 ml Geflügelfond

Meersalz

4 Salbeiblätter, in kl. Würfel geschnitten

Gedünsteter Natur-Reis

Den Natur-Reis unter fließendem, kaltem Wasser waschen und ca. eine Stunde in 200 ml lauwarmem Wasser einweichen. Schalotten schälen und in Rapsöl anschwitzen, mit Naturreis und dem Einweichwasser aufgießen, Geflügelfond und Lorbeerblatt dazugeben und leicht salzen. Zudecken und so lange dünsten, bis der Reis die gesamte Flüssigkeit aufgesaugt hat. Kurz vor dem Servieren mit in kleine Würfel geschnittenen Salbeiblättern verfeinern.

Mein Tipp: Sie können beim Aufgießen des Geflügelfonds zusätzlich klein geschnittenes Gemüse und Kräuter dazumischen.

Jasmin-Reis

Den rohen Reis in eine Auflaufform geben. Limonenblätter knicken und im Ganzen zum Reis geben. Leicht gesalzenes Wasser zum Kochen bringen, fein geschnittene Schalotten und Zitronengras beigeben. Kurz ziehen lassen und dann damit den Reis übergießen. Das Ganze mit Alufolie abdecken und für ca. 30 Minuten im Ofen bei 180 °C garen lassen. Abschließend mit in feine Streifen geschnittenen Kaffirblätter bestreuen.

Für vier Personen:

450 ml Wasser
200 g Jasmin-Reis
6 Kaffir- oder Limonenblätter
1 Stange Zitronengras, mit dem Messerrücken zerdrückt

Basmati-Reis nach indischer Art

Den Reis unter fließendem, kaltem Wasser waschen und abtropfen lassen. Zusammen mit Safranfäden, Zimt und Gewürznelken in eine Kasserolle geben und mit kaltem Wasser übergießen. Erhitzen und zugedeckt für 10–12 Minuten dünsten.
Zwiebeln und Ingwer in Sesamöl anschwitzen und zusammen mit Koriander, Minze und Joghurt unter den Reis mischen. Ein weiteres Mal erhitzen und mit etwas Meersalz abschmecken.

Mein Tipp: Es müssen natürlich nicht unbedingt die typischen asiatischen Gewürze wie Zimt, Nelke oder Ingwer verwendet werden.

Für vier Personen:

250 g Basmati-Reis
½ l Wasser
Einige Safranfäden
1 kl. Stk. Zimtrinde
1 Gewürznelke
3 Schalotten, fein gewürfelt
1 TL frischer Ingwer, fein gehackt
1 EL frische Korianderblätter, fein geschnitten
1 EL Minze, fein gehackt
125 ml Ziegenjoghurt
Meersalz

Für vier Personen:

200 g Couscous

400 ml Fond (je nach Geschmacksrichtung)

3 EL Olivenöl

Meersalz aus der Mühle

Cayennepfeffer

Frische Kräuter

Couscous

Couscous mit 250 ml lauwarmem, leicht gesalzenem Fond vermengen, mit einer Folie abdecken und ca. 15 Minuten stehen lassen.
Den restlichen Fond mit Olivenöl aufkochen, Couscous vorsichtig einrühren, mit Meersalz und Cayennepfeffer abschmecken und mit frischen Kräutern verfeinern.

Mein Tipp: Ich empfehle Ihnen bei diesem Rezept die Verwendung von verschiedensten Gewürzen und Zutaten (Basilikum, Bärlauch, Safran, Jungzwiebel, grüne oder rote Tomatenwürfel, etc.). Experimentieren Sie mit ihren Lieblingsgewürzen!

Gerührte Rosmarin-Polenta

Für vier Personen:

½ l Sojamilch

150 g Polentagrieß (Instant-Polenta)

4 EL Olivenöl

2 Zweige Rosmarin

Meersalz

Sojamilch mit Olivenöl zum Kochen bringen. Die Rosmarinblätter eines Zweigs vom Stiel befreien, hacken und beigeben. Mit Meersalz würzen und den Polentagrieß einrühren. 3–4 Minuten unter ständigem Rühren köcheln lassen und abschmecken.
Die Rosmarinblätter des zweiten Zweigs ebenfalls vom Stiel befreien, in einer Pfanne mit etwas Olivenöl anbraten und über die fertige Polenta geben.

Mein Tipp: Die gerührte Polenta lässt sich mit Trüffel und Kräutern jeglicher Art sehr gut verfeinern.

Für vier Personen:

200 g Risottoreis (Avorio oder Vialone)
2 EL Schalotten, fein gewürfelt
Etwas Olivenöl
1 Knoblauchzehe
½ l Geflügelfond (siehe Seite 163)
⅛ l trockener Weißwein
1 frisches Lorbeerblatt
Salz und Pfeffer aus der Mühle

Risotto

Schalotten in Olivenöl anschwitzen, den gewaschenen Reis hineinstreuen und schwenken, bis er glasig wird. Mit Pfeffer, Salz, Lorbeerblatt und der Knoblauchzehe würzen. Mit Weißwein ablöschen und unter ständigem Schwenken dünsten lassen. Immer wieder mit heißem Geflügelfond aufgießen, sobald die Flüssigkeit verkocht ist.

Mein Tipp: Zur geschmacklichen Vollendung jedes Risottogerichtes empfehle ich Ihnen die Verwendung von verschiedensten frischen Kräuter- oder Gemüsepürees (Tomate, Lauch, Basilikum, Avocado, Jungzwiebel usw.) sowie von Gewürzen und Extrazutaten (Safran, grüne oder rote Tomatenwürfel, etc.). Experimentieren Sie mit Ihren Lieblingsgewürzen!
Sie sollten darauf achten, dass Sie ein Gefäß verwenden, in dem sich der Reis schwenken lässt. Nur so lässt sich das Umrühren vermeiden, das bewirkt, dass der Reis klebrig wird.

Vollkorn-Taglierini

Dinkel-, Buchweizen und Roggenmehl mit Muskatnuss und den Gewürzen vermengen. Dann erst die Eigelb und Olivenöl beigeben und in einem Rührkessel mit Knethaken (kann natürlich auch von Hand geknetet werden) 3–4 Minuten durchkneten. Aus dem Teig eine Rolle formen, in Frischhaltefolie einpacken und für eine Stunde im Kühlschrank rasten lassen.

Den Nudelteig in zwei Teile schneiden, auf mehligem Untergrund mit den Handballen gleichmäßig plattdrücken und mit der Nudelmaschine (falls nicht vorhanden mit einem Rollholz) hauchdünn ausrollen.

Die Nudelteigbahn mit etwas Mehl bestäuben, einrollen und mit einem Messer in etwa 1–2 Millimeter dicke Streifen schneiden.

In leicht wallendem, gesalzenem Wasser für 4–6 Minuten aldente kochen.

Mein Tipp: Da dieses Rezept für etwa zwanzig Portionen gedacht ist, empfehle ich Ihnen, die Nudeln lose auf einem Blech aufzulegen, mit einem Küchentuch zu bedecken und sie so an einem trockenen Ort aufzubewahren. So haben Sie immer hausgemachte Nudeln zur Verfügung!

Für ca. 15–20 Portionen

250 g doppelgriffig gemahlenes Dinkelmehl

250 g fein gemahlenes Roggenmehl

60 g Buchweizenmehl

18 Eigelb

1 Ei

4 cl Olivenöl

Feines Meersalz

½ TL gemahlener Koriander

Etwas geriebene Muskatnuss

Für 15–20 Portionen:

250 g doppelgriffig gemahlenes Vollkornmehl
250 g fein gemahlenes Kichererbsenmehl
60 g Buchweizenmehl
1 Brief Safranpulver
18 Eigelb
1 Ei
4 cl Olivenöl
Meersalz
Muskatnuss

Kichererbsen-Tagliatelle

Vollkornmehl, Kichererbsenmehl und Safranpulver, etwas geriebene Muskatnuss und die Gewürze gut mischen. Dann erst die Eigelb und Olivenöl beigeben und in einem Rührkessel mit Knethaken (kann natürlich auch von Hand geknetet werden) 3–4 Minuten durchkneten.

Aus dem Teig eine Rolle formen, in Frischhaltefolie einpacken und für eine Stunde im Kühlschrank rasten lassen. Den Nudelteig in 2 Teile schneiden, auf mehligem Untergrund mit den Handballen gleichmäßig plattdrücken und mit der Nudelmaschine (falls nicht vorhanden mit einem Rollholz) hauchdünn ausrollen. Die Nudelteigbahn mit etwas Mehl bestäuben, einrollen und mit einem Messer in etwa einen halben Zentimeter dicke Streifen schneiden.

In leicht wallendem, gesalzenem Wasser für 4–6 Minuten aldente kochen.

Handfeste Basis

Fischfond

Für ca. 4 Liter:

1,5 kg Fischkarkassen, zerkleinert (weißfleischige Fische wie Zander, Steinbutt, St. Pierre etc. eignen sich am besten)
1 l Weißwein
⅛ l Noilly Prat
400 g Schalotten, geschält und in Scheiben geschnitten
100 g Petersilienwurzeln oder Pastinake, gut gewaschen und in Würfel geschnitten
1 Stange Lauch (nur der weiße Teil), in Scheiben geschnitten
100 g Sellerie, in Würfel geschnitten
100 g Staudensellerie, in Streifen geschnitten
1 TL Korianderkörner
1 TL weiße Pfefferkörner
6 Wacholderbeeren
4 Lorbeerblätter
3 EL Olivenöl
Meersalz zum Würzen

Fischkarkassen zerkleinern, ca. anderthalb Stunden in kaltes Wasser einlegen und anschließend trocken tupfen. Schalotten, Petersilienwurzel, Lauch sowie beide Selleriesorten in einem vorgewärmten Topf mit Olivenöl anschwitzen.
Gewürze und Fischkarkassen zugeben, mit Weißwein und Noilly Prat ablöschen. Mit kaltem Wasser aufgießen, sodass alle Zutaten gut bedeckt sind.
Bei hoher Stufe aufkochen und für ca. 2 Stunden bei niedriger Stufe köcheln lassen. Dabei ständig Schaum abschöpfen.
Mit Meersalz leicht würzen, durch ein feines Passiertuch oder Sieb seihen und noch einmal aufkochen.

Mein Tipp: Machen Sie gleich mehr Fischfond, denn er lässt sich in einem gut verschlossenen Behälter tiefkühlen.
Sparen Sie mit Salz, da es besser schmeckt bei weiterer Verarbeitung nachzuwürzen.

Fisch-Grundsauce

Für ca. 1 Liter:

1 l Fischfond
1 l Sojamilch
5 Schalotten
2 Stängel Staudensellerie
1 kleine Lauchstange
Etwas Olivenöl
½ l Weißwein
½ l weißer Portwein
½ l Noilly Prat
1 Zitrone
1 mehlige Kartoffel

Gemüse waschen, schälen und in kleine Würfel schneiden. Die geschälten Schalotten in feine Streifen schneiden und in wenig Olivenöl andünsten. Lauch und Staudensellerie zugeben, mit Weißwein, Portwein und Noilly Prat aufgießen. Kurz einkochen lassen und mit Fischfond auffüllen. Auf die Hälfte einkochen lassen, durch ein feines Tuch passieren. Sojamilch beigeben und noch einmal auf die Hälfte einkochen lassen.
Die mehlige Kartoffel mit einem feinen Reibeisen in die Soße raspeln und für ca. 15 Minuten köcheln lassen. Mit etwas Salz, Pfeffer und Zitronensaft würzen, mit einem Stabmixer pürieren und anschließend mixen.

Geflügelfond

Für ca. 4 Liter:

1,5 kg helle Geflügelkarkassen, gehackt, gewaschen und trockengetupft
¼ l Weißwein
⅛ l Noilly Prat
400 g Schalotten, geschält und in Scheiben geschnitten
200 g Champignons, gewaschen und geviertelt
1 Stange Lauch (nur der weiße Teil), in Scheiben geschnitten
1 Knoblauchzehe
100 g Sellerie, in Würfel geschnitten
100 g Staudensellerie, in Streifen geschnitten
1 TL Korianderkörner
1 TL weiße Pfefferkörner
6 Wacholderbeeren
4 Lorbeerblätter
3 EL Olivenöl
Etwas Meersalz

Schalotten, Champignons, Lauch, Knoblauch und beide Selleriearten in einem vorgewärmten Topf mit Olivenöl anschwitzen. Gewürze und Geflügelkarkassen dazugeben, mit Weißwein und Noilly Prat ablöschen. Mit kaltem Wasser aufgießen, sodass die Zutaten bedeckt sind. Auf hoher Stufe aufkochen und für ca. 2 Stunden auf niedriger Stufe köcheln lassen.
Mit ein wenig Meersalz würzen und durch ein feines Passiertuch bzw. Sieb seihen und ein weiteres Mal aufkochen.

Mein Tipp: Machen Sie gleich mehr Geflügelfond oder -jus, denn er lässt sich in einem verschlossenen Behälter tiefkühlen!
Sparen Sie mit Salz, da es für den Geschmack besser ist, erst bei der weiteren Verarbeitung nachzusalzen.

Geflügeljus

Für ca. 2 Liter:

1 kg Geflügelkarkassen und Geflügel-Parüren, klein gehackt
¼ l Rotwein
5 EL Maiskeimöl
150 g Zwiebeln, geschält und in kleine Würfel geschnitten
100 g Sellerie
100 g Karotten
100 g Gelbe Rüben
1 Stange Lauch (nur der weiße Teil), fein geschnitten
1 Rosmarinzweig
1 Thymianzweig
1 kl. Bund Petersilie
3 Lorbeerblätter
2 TL weiße Pfefferkörner
5 Wacholderbeeren
4 vollreife Tomaten, in Würfel geschnitten
100 g Tomatenmark
Meersalz
3 l Geflügelfond oder Wasser

Maiskeimöl in einer vorgewärmten Bratpfanne erhitzen, gehackte Karkassen und Parüren hineingeben und kurz anbraten.
Sellerie, Karotten, Gelbe Rüben, Zwiebeln und Lauch dazugeben, in das bereits auf 180 °C vorgeheizte Backrohr stellen und ca. 2 Stunden bräunen lassen. Währenddessen die Parüren und Karkassen drei- bis viermal wenden. Die Bratpfanne aus dem Ofen nehmen, überschüssiges Fett abgießen. Tomatenmark unterrühren und ein weiteres Mal im Backrohr dunkel rösten. Tomatenwürfel beigeben, mit Rotwein ablöschen und mit einem Teil des Geflügelfonds oder Wassers aufgießen.
Den Bratensatz mithilfe von ein wenig Wasser und einem Kochlöffel lösen, in einen Topf umleeren und die restliche Flüssigkeit zugießen. Gewürze hinzufügen und für ca. 3 Stunden kochen lassen. Dabei ständig Schaum und Fett abschöpfen.
Durch ein feines Passiertuch oder Sieb seihen, auf die gewünschte Menge einkochen und würzen.

Mein Tipp: Um eine sämige Konsistenz und Glanz zu bekommen, reiben Sie eine halbe Stunde vor Ende der Kochzeit eine rohe, mehlige Kartoffel in die Soße.

Ofengetrocknete Tomaten

8 Tomaten
100 ml Olivenöl
3 Knoblauchzehen
50 g grobes Meersalz
2 Thymianzweige
1 Rosmarinzweige
3–4 Basilikumblätter
Weiße Pfefferkörner aus der Mühle

Tomaten an der Oberseite kreuzweise einschneiden, blanchieren und mit kaltem Wasser abschrecken. Die Schalen mit einem kleinen Messer abziehen. Die Tomaten vierteln, die Tomatenkerne ausschneiden und die Stängelansätze entfernen. Die geviertelten Tomaten auf ein Blech legen, mit Olivenöl, Gewürzen, Kräutern und Knoblauch marinieren und bei 70 °C im Heißluftofen für 3–4 Stunden trocknen lassen.

Mein Tipp: Dieses Rezept ist auch für Cherrytomaten geeignet (die Cherrytomaten jedoch im Ganzen verarbeiten). Ich empfehle Ihnen gleich eine größere Menge zu verarbeiten! Die nicht verbrauchten Tomaten in Einmachgläser füllen, mit Olivenöl bedecken und im Kühlschrank lagern. So halten die Tomaten über mehrere Wochen!

Tomatenwürfel

Tomaten an der Oberseite kreuzweise einschneiden, blanchieren und mit kaltem Wasser abschrecken. Die Schalen mit einem kleinen Messer abziehen. Tomaten vierteln, die Tomatenkerne ausschneiden und die Stängelansätze entfernen. Auf Küchenkrepp trocken tupfen und in einen halben Zentimeter dicke Würfel schneiden.

Mein Tipp: Tomatenwürfel kann man beispielsweise als Einlage für Suppen, Ragouts oder als Zutat für Nudelgerichte verwenden.

Für ca. 5 l:

150 g Karotten, in Würfel geschnitten
100 g Knollensellerie, in Würfel geschnitten
100 g Staudensellerie, in Würfel geschnitten
1 kleines Stück Fenchel, in dünne Streifen geschnitten
300 g Schalotten, in Streifen geschnitten
2 Knoblauchzehen
1 kg vollreife Tomaten
3 kg geschälte Tomaten aus der Dose
12 Eiweiß
1 TL Korianderkörner
1 TL weiße Pfefferkörner
3 Lorbeerblätter
5 Wacholderbeeren
2 EL brauner Rohrzucker
1 Zweig Petersilie
1 Bund Basilikum, nur die Stängel
2 kg Eiswürfel
Meersalz

Tomatenfond

Tipp des Arztes: Da der vom Anti-Aging-Aspekt her so faszinierende Pflanzeninhaltsstoff Lycopen hitzestabil ist, haben Sie mit dem Tomatenfond eine Anti-Aging-Bombe!

Die geschälten Tomaten mit den frischen, in Würfel geschnittenen Tomaten vermengen und gründlich verkneten. Karotten, Knollensellerie und Staudensellerie durch den mit einer mittleren Scheibe versehenen Fleischwolf drehen. Tomatenmasse, faschiertes Gemüse, Fenchel, Schalotten sowie Gewürze und Kräuter in einem großen Topf sorgfältig zu einem dicken Brei vermengen und leicht salzen. Damit sich das Aroma ideal entwickeln kann, sollte man die Masse über Nacht im Kühlschrank stehen lassen, mindestens jedoch für eine Stunde. Eiweiß, Eiswürfel und 5 Liter Wasser unterrühren. Dann auf großer Stufe unter ständigem Rühren zum Sieden bringen. (Vorsicht, das Eiweiß setzt sich leicht am Boden an!) Am Siedepunkt für ca. 5 Stunden ziehen lassen. Anschließend durch ein Passiertuch oder ein feines Sieb seihen und abschmecken.

Mürbteig

350 g Vollkornmehl
180 g Pflanzenmargarine
100 g brauner Rohrzucker
1 Eigelb
1 TL Vanillezucker
4 cl Sojamilch
Prise Salz

Alle Zutaten außer dem Mehl in einer Schüssel glatt rühren. Mit dem Mehl zu Teig verarbeiten. (Sehr schnell und nicht zu lange kneten, da der Teig sonst bröckelig wird.)
Dünn ausrollen und in eine Backform oder eine kleine, niedere Tartelettenform legen, mit einer Gabel anstechen. Für ca. eine Stunde kühl stellen und bei 190° C im Ofen backen.

Mein Tipp: Der Mürbteig eignet sich bestens für Früchtetartes oder als Boden für Apfelkuchen.

Süß-saure Sauce

Für vier Personen:
½ l Ananassaft
½ l Apfelsaft
2 grüne Äpfel, in grobe Würfel geschnitten
3 Zitronengrashalme, fein geschnitten
2 Schalotten
1 Chilischote, halbiert und entkernt
1 mittelgroße Ingwerwurzel
1 kl. Stk. Ananas, in kleine Würfel geschnitten
Zitronensaft
Je 1 kl. Paprika rot, gelb und grün
Koriandergrün
1 TL grüne, frische oder eingelegte Pfefferkörner
1 EL Palmzucker oder brauner Zucker
Reisessig (Champagneressig)
Maisstärke oder Reisstärke

Fruchtsäfte mit Zitronengrashalmen, Ingwer, einem halben Liter Wasser, Chilischote, Zitronensaft und Äpfeln aufkochen und auf kleiner Stufe für ca. 1 Stunde köcheln lassen. Durch ein feines Sieb seihen und ein wenig einkochen lassen.
Ananas, Paprika und grünen Pfeffer in die Sauce geben. Mit Palmzucker und Essig süß-sauer würzen, mit ein wenig Sago oder Reisstärke eindicken und vor dem Anrichten frisch gehacktes Koriandergrün hinzugeben.

Mein Tipp: Auch diese Sauce lässt sich gut klein portioniert einfrieren. Jedoch sollten Sie die Einlage immer erst frisch dazugeben.

Essig & Öl

Waldbeeressig

Beeren gut waschen und auf Küchenkrepp trocken tupfen. In eine Flasche leeren. Den Honig mit etwas Essig erwärmen und auflösen. Anschließend zusammen mit dem restlichen Essig über die Beeren gießen. Luftdicht, lichtgeschützt (am besten in einer dunklen Flasche oder mit Alufolie bedeckt) und an einem kühlen Ort für 1–2 Wochen ziehen lassen.

100 g Himbeeren
100 g Brombeeren
100 g Heidelbeeren
100 g Schwarze Johannisbeeren
1 l milder Rotweinessig
3 EL Honig

Mein Tipp: Auf diese Weise lassen sich je nach Geschmack und Vorliebe viele Öl- und Essigvariationen herstellen. Trauen Sie sich und experimentieren Sie mit Ihren Lieblingsgewürzen! Sie werden staunen und bemerken wie interessant der Geschmack der Gerichte sich durch deren Verwendung beim Kochen verändert!

Zitronenöl

6 unbehandelte Zitronen
5 Stück Sternanis
1 TL Korianderkörner
1 l Olivenöl

Die unbehandelten Zitronen mit einem Gemüseschäler dünn abschälen, sodass möglichst wenig der unter der Schale liegenden, weißen Zitronenhaut mitgeschält wird. Schalen, Korianderkörner und Sternanis mit dem hochwertigen Olivenöl in einem Glasbehälter oder in einer Flasche vermengen.
Dann luftdicht, lichtgeschützt (am besten in einer dunklen Flasche oder mit einer Alufolie verschlossen) und an einem kühlen Ort für 1–2 Wochen ziehen lassen.

Mein Tipp: Achten Sie bitte immer darauf, dass Öle und Fette sehr licht- und hitzeempfindlich sind und daher an dunklen Orten oder in geschützten Behältern und kühl gelagert werden sollten. Ansonsten verderben sie sehr rasch.

Eingelegtes

Mein Tipp: Wer gerade am Markt erhältliches, vollreifes und geschmacksintensives Obst & Gemüse einmacht, hat später immer etwas davon!

Eingelegte schwarze Walnüsse

5 kg grüne Walnüsse
1,3 kg brauner Rohrzucker
10 Stück Sternanis
10 Stück Gewürznelken
3 Zimtrinden
1,4 l Wasser

Die grünen Nüsse mit einer feinen Nadel rundum einstechen und mindestens eine Woche lang in Wasser einlegen. Das Wasser sollte zweimal täglich durch frisches, kaltes ersetzt werden. Anschließend in leicht gesalzenem Wasser solange köcheln lassen, bis sie bissfest sind. Die Nüsse trocken tupfen und in mittelgroße Einmachgläser legen. Gewürze, Zucker und Wasser aufkochen und über die Nüsse gießen, sodass sie vollkommen bedeckt sind.
Die Gläser schließen und für ca. 10 Minuten im Rohr bei 110 °C backen. Vor dem ersten Verzehr für mindestens 2–3 Monate an einem dunklen und kühlen Ort marinieren lassen.

Mein Tipp: Machen Sie gleich eine große Menge! Die Nüsse lassen sich über einen langen Zeitraum konservieren. Die Nüsse eignen sich als extravagante Garnierung oder Beilage zu Vorspeisen sowie auch warm serviert zu Hauptspeisen.

Chutney von grünen Tomaten

Ergibt 4 Einmachgläser zu je 500 ml:
1 ½ kg grüne Tomaten
Mark einer ½ Vanilleschote
700 g Schalotten, geschält, halbiert und in längliche Streifen geschnitten
6 kleine rote Chilischoten, halbiert und entkernt
300 ml Tomaten-Consommé (siehe Seite 82)
80 g Ingwer, geschält und in kleine Würfel geschnitten
400 g brauner Rohrzucker
3 Lorbeerblätter
4 Sternanis
8 Nelken
⅛ l Champagneressig
1 EL Meersalz

Die grünen Tomaten mit einem Gemüseschäler schälen, vierteln, Tomatenkerne ausschneiden und Stängelansätze entfernen. Tomaten-Consommé mit den Gewürzen aufkochen, Tomaten und Schalotten beigeben und ein weiteres Mal zum Kochen bringen, in kleine Einmachgläser füllen, gut verschließen und für ca. 10 Minuten im Backrohr bei 110 °C garen.

Chutney vom Knollensellerie

Ergibt 4 Einmachgläser zu je 500 ml:

1 kg Sellerieknollen, in 1 cm breite Würfel geschnitten
1 kg säuerliche Äpfel, geschält, geviertelt, entkernt und in feine Scheiben geschnitten
150 g Karotten, geschält und in feine Scheiben geschnitten
2 weiße Zwiebeln, geschält und in feine Würfel geschnitten
½ l naturtrüber Apfelsaft
150 g brauner Rohrzucker
150 g brauner Kandiszucker
5 EL Honig
200 g Rosinen
10 Gewürznelken
1 EL schwarze Senfsaatkörner, in lauwarmem Wasser eingeweicht
350 ml Champagneressig
2 Lorbeerblätter
2 Zweige Rosmarin
Meersalz und Pfeffer aus der Mühle

Apfelsaft in einem großen Topf aufkochen und Zucker und Kandis darin auflösen. Unter fließendem Wasser gewaschene Senfsaatkörner, Gemüse, Obst, Rosinen und Gewürze zugeben. Bei geringer Hitze ca. 20 Minuten unter mehrmaligem Rühren einkochen. Mit Champagneressig, Salz und Pfeffer abschmecken und unter ständigem Rühren für weitere 20 Minuten köcheln lassen.
Heiß in kleine Einmachgläser abfüllen, gut verschließen und im Ofen für ca. 10 Minuten bei 110 °C fertig garen.

Mein Tipp: Dunkel und kühl gelagert halten sich Chutney und Confit über mehrere Monate.

Confit vom Staudensellerie

Ergibt 4 Einmachgläser zu je 500 ml:

1,2 kg Staudensellerie
60 ml Olivenöl
1 TL Lavendelblüten
3 EL Honig
200 g brauner Rohrzucker
20 Safranfäden
8 EL Champagneressig
2 Sternanis
8 weiße Zwiebeln, geschält, halbiert und in dünne Scheiben geschnitten
2 Zweige Thymian
1 EL Korianderkörner
2 EL Tomatenmark
50 g Ingwer, geschält und in kleine Würfel geschnitten
6 Gewürznelken
2 Chilischoten, gewaschen, halbiert und entkernt
½ l weißer Portwein
Meersalz

Die Lavendelblüten in einem halben Liter Wasser überbrühen, einige Minuten ziehen lassen und durch ein feines Passiertuch gießen. Staudensellerie schälen, die Fäden abziehen und in ein Zentimeter dicke Scheiben schneiden. Staudensellerie und Zwiebeln in reichlich Olivenöl andünsten. Chilischoten, Gewürznelken, Sternanis, Thymianzweige, Honig, Korianderkörner, Champagneressig, Portwein, Salz, Safranfäden, Zucker, Ingwer und Tomatenmark hinzufügen. Mit dem Lavendelfond aufgießen und zugedeckt für 20–25 Minuten köcheln lassen.
In kleine Einmachgläser abfüllen, gut verschließen und im Ofen für ca. 15 Minuten bei 110 °C fertig garen.

Mein Tipp: Es passt durch den kräftigen Geschmack sehr gut zu Wildgeflügel, Grillgerichten und zu kalten Vorspeisen!

Dill-Senf-Gurken

Ergibt 4 Einmachgläser zu je 500 ml:

2,5 kg Gurken, geschält und der Länge nach halbiert
8 weiße Zwiebeln, geschält und in kleine Würfel geschnitten
200 g frischer Dill, fein gehackt
2 frische Lorbeerblätter
250 g brauner Rohrzucker
1 Zweig Borretsch, fein gehackt
3 Gewürznelken, fein gemahlen
1 EL helle Senfkörner, in Wasser eingeweicht
1 EL braune Senfkörner, in Wasser eingeweicht
400 g Estragonsenf (mittelscharfer Senf)
100 g Dijonsenf
400 ml Champagneressig
½ TL Cayennepfeffer

Das Gehäuse der Gurken mit einem Parisienne-Ausstecher entfernen und in ca. 3 Millimeter dicke Scheiben schneiden, anschließend auf einem Küchenkrepp trocken tupfen.
Zwiebeln, Dill, Borretsch, beide Senfsorten, Senfkörner, Champagneressig und braunen Zucker zum Kochen bringen. Lorbeerblätter, Cayennepfeffer und gemahlene Nelken beigeben und ein weiteres Mal aufkochen lassen. Die vorbereiteten Gurken in den kochenden Fond einrühren, kurz aufkochen lassen und im heißen Zustand in Einmachgläser abfüllen. Für 6–8 Minuten im Backrohr bei 110 °C konservieren.
Vor dem ersten Gebrauch für mindestens 4 Wochen an einem kühlen, dunklen Ort marinieren lassen.

Mein Tipp: Dunkel und kühl gelagert hält sich das eingelegte Gurkengemüse über mehrere Monate.
Die Gurken können warm als Gemüse oder kalt zu Knabbergebäck oder zu einer Jause serviert werden. Außerdem passen sie hervorragend zu vielen Fischgerichten!

Confit von roten Zwiebeln und Äpfeln

Ergibt 4 Einmachgläser zu je 500 ml:

1,8 kg säuerliche Äpfel (am besten Boskop), geschält, halbiert, entkernt und in 1–2 cm breite Stücke geschnitten
4 grüne, milde Pfefferoni, der Länge nach halbiert, entkernt, gewaschen und in kl. Würfel geschnitten
100 ml naturtrüber Apfelsaft
400 g brauner Rohrzucker
10 Nelken
750 g rote Zwiebeln, geschält, halbiert und in feine Streifen geschnitten
200 ml weißer Balsamico-Essig
200 Sultaninen (ungeschwefelt)
1 Zimtrinde
1 EL Meersalz
3 Zweige Rosmarin

Apfelsaft mit Essig, Zucker, Rosinen, Zwiebeln, Sultaninen, Salz und Rosmarin zum Kochen bringen. Äpfel und die restlichen Gewürze dazumischen und unter mehrmaligem Umrühren ca. 45 Minuten köcheln lassen.
In kleine Einmachgläser abfüllen, gut verschließen und im Ofen für ca. 10 Minuten bei 110 °C fertig garen.

Süß-saurer Muskatkürbis

Ergibt 4 Einmachgläser zu je 500 ml:

- 2,5 kg Muskatkürbisfleisch, in 1 cm breite Würfel geschnitten
- ½ l weißer Balsamico-Essig
- ½ l frisch gepresster Orangensaft
- ½ l naturtrüber Apfelsaft
- 1 unbehandelte Zitronenschale
- 3 Stangen Zitronengras
- 100 g Ingwer, geschält und in feine Scheiben geschnitten
- 8 Sternanis
- 1 Zimtrinde
- 8 Gewürznelken
- 600 g brauner Rohrzucker
- 8 Kaffirblätter (Blätter der Kaffirlimette)

Naturtrüben Apfelsaft, Balsamico-Essig und Rohrzucker auf das Kürbisfleisch gießen, gut mischen und abgedeckt in einer großen Schüssel über Nacht ziehen lassen.

Am nächsten Tag das Kürbisfleisch samt Flüssigkeit in einen großen Topf geben und den frisch gepressten Orangensaft, Nelken, Zimtrinde, Zitronenschale, Kaffirblätter, Ingwer und mit dem Messerrücken angeschlagene Zitronengras-Stangen hinzufügen. Bei großer Hitze kochen, bis die Kürbisstücke glasig und weich sind. (Vorsicht: Der Kürbis sollte nicht zu weich sein, sondern bissfest bleiben!)

Nach dem Kochen Zitronengras entfernen und Kürbisfleisch mitsamt der Flüssigkeit in heißem Zustand in Einmachgläser abfüllen, gut verschließen und für 10 Minuten im Backrohr bei 110 °C konservieren.

Vor dem Verzehr mindestens 14 Tage kühl stellen.

Mein Tipp: Dunkel und kühl gelagert hält sich der Kürbis über mehrere Monate. Es passt sehr gut zu Vorspeisen, Geflügel- und Grillgerichten.

Knabbergebäck einmal anders

Kichererbsen-Knabbergebäck

600 g Kichererbsenmehl
400 g Vollkornmehl
2 Eier
50 g feiner Polentagrieß
50 g schwarzer Sesam
25 g feines Meersalz
50 g frischer Basilikum, fein gehackt
60 cl Tomaten-Consommé (siehe Seite 82) oder Wasser
50 cl Maiskeimöl

Alle Zutaten zu einem geschmeidigen Teig verarbeiten, in eine Frischhaltefolie einwickeln und für mindestens eine Stunde im Kühlschrank rasten lassen.
Den Teig in mehrere Teile schneiden, auf mehligem Untergrund mit dem Handballen gleichmäßig auseinander drücken und mit der Nudelmaschine (falls nicht vorhanden, mit einem Rollholz) hauchdünn ausrollen.
Mit einem scharfen Messer 4–5 Zentimeter lange Rauten ausschneiden, auf ein mit Backpapier ausgelegtes Backblech legen und im Rohr bei 180 °C 8–10 Minuten knusprig backen.

Mein Tipp: In einer gut verschließbaren Box aufbewahren. Zu Knabbergebäck empfehlen wir Couvert-Aufstriche oder Oliven-Dip (Seite 62–65)!

- 1,2 kg Vollkornmehl
- 3 Eier
- 250 g Kürbiskerne, fein gehackt
- 25 g feines Meersalz
- 50 ml Olivenöl
- 3 EL Kürbiskernöl
- 1 EL Kümmel, fein gehackt
- 70 cl Tomaten-Consommé (siehe Seite 82) oder Wasser

Kürbiskern-Knabbergebäck

Alle Zutaten zu einem geschmeidigen Teig verarbeiten, in eine Frischhaltefolie einwickeln und für mindestens eine Stunde im Kühlschrank rasten lassen.
Den Teig in mehrere Teile schneiden, auf mehligem Untergrund mit dem Handballen gleichmäßig auseinander drücken und mit der Nudelmaschine (falls nicht vorhanden, mit einem Rollholz) hauchdünn ausrollen.
Mit einer runden Ausstechform ausstechen, auf ein mit Backpapier ausgelegtes Backblech legen und im Rohr bei 180 °C 8–10 Minuten knusprig backen.

Mein Tipp: In einer gut verschlossenen Box aufbewahren.

- 1,2 kg Vollkornmehl
- 3 Eier
- 200 g weißer Sesam
- 50 g schwarzer Sesam
- 25 g feines Meersalz
- 50 ml Olivenöl
- 2 EL Sesamöl
- 70 cl Tomaten-Consommé (siehe Seite 82) oder Wasser

Sesam-Knabbergebäck

Alle Zutaten zu einem geschmeidigen Teig verarbeiten, in eine Frischhaltefolie einwickeln und für mindestens eine Stunde im Kühlschrank rasten lassen.
Den Teig in mehrere Teile schneiden, auf mehligem Untergrund mit dem Handballen gleichmäßig auseinander drücken und mit der Nudelmaschine (falls nicht vorhanden, mit einem Rollholz) hauchdünn ausrollen.
Über einen Metallstab drehen, auf ein mit Backpapier ausgelegtes Backblech legen und im Rohr bei 180 °C 8–10 Minuten knusprig backen.

Mein Tipp: In einer gut verschließbaren Box aufbewahren.

9. Nachwort – Essen als Medizin der Zukunft

Eines ist gewiss: Unsere Lebensspanne und unsere Lebensqualität sind erweiterbar – die Anti-Aging-Medizin gibt uns dazu die Möglichkeiten. Bereits heute können Sie gesund über hundert Jahre alt werden!

Ein Meilenstein in der Anti-Aging-Forschung ist der Lifestyle-Sensor, der wohl schon in naher Zukunft routinemäßig unser Genmuster mit unseren individuellen Besonderheiten entschlüsseln können wird. Der Sensor ist eine Chip-Karte, die durch den Speichel unsere genetische Geschichte erschließen kann. Mit dieser Karte kann man genau eruieren, welche Lifestyle-Gewohnheiten man in Zukunft annehmen soll, um mögliche Krankheiten, vor allem Krebserkrankungen, zu vermeiden. Durch das Erkennen gewisser genetischer Individualitäten könnte einer Person beispielsweise aufgeschlüsselt werden, dass sie ein vierzigmal höheres Risiko hat, an Dickdarmkrebs zu erkranken oder ein zwanzigmal so hohes Risiko Prostata- oder Brustkrebs zu bekommen als ein diesbezüglich unbelasteter Mensch. Folglich könnte dieser Person geraten werden, vermehrt darauf zu achten, viel Kohl zu sich zu nehmen. Kohl birgt Indole in sich, die unter anderem die Fähigkeit besitzen, bereits gestörtes genetisches Material zu reparieren. Durch die Entwicklung des Lifestyle-Sensors wird eine neue Ära der Vorsorgemedizin anbrechen.

Man muss aber zur Kenntnis nehmen, dass die heutige Wissenschaft viel des längst vergessenen medizinischen Wissens alter Hochkulturen wieder ausgegraben und verbessert hat. Schon immer haben sich große medizinische Schulen wie die chinesische, tibetische oder indische für eine besondere Beachtung der Ernährung ausgesprochen. Es war im alten China sogar eine Selbstverständlichkeit, dass neben einer Apotheke ein Gasthaus stand, um den Patienten bei eventuellen Beschwerden sogleich durch das richtige Essen gesund zu machen.

Gemüse und Obst werden heute speziell mit erhöhtem Gehalt an den für Anti-Aging wichtigen sekundären Pflanzeninhaltsstoffen gezüchtet. Es ist bereits gelungen, Tomaten mit vierzigfach erhöhtem Lycopengehalt und Brokkoli mit zwanzigfach erhöhtem Indolgehalt zu züchten.
Diese Entwicklungen auf dem Gebiet des „Functional Food" verbunden mit den hochdifferenzierten Lifestyle-Sensor-Diagnosen werden die Möglichkeiten der Anti-Aging-Medizin erneut revolutionieren.

Zeitgleich mit der Drucklegung des Buches ist eine neue Sensation im Bereich der Anti-Aging-Medizin bekannt geworden: Resveratrol, das in sehr hoher Konzentration in der Schale von roten Weintrauben vorhanden ist, ist nicht bloß ein starker Radikalfänger, sondern hat auch lebensverlängernde Eigenschaften. Das veranlasste sogar die New York Times dazu, auf der ersten Seite zu titeln: „Jungbrunnen im Rotwein gefunden!"

In diesem Sinne: Salute!

Es gibt viele alte Weinbauern, aber nur wenige alte Ärzte.

Anhang: Küchenfachausdrücke

Ablöschen: Angebratenes Fleisch, Mirepoix oder Bratrückstände mit wenig Flüssigkeit (z.B. Wein oder Fond) übergießen.

Abschrecken: Übergießen von heißem, gekochtem oder blanchiertem Kochgut mit viel kaltem Wasser.

Blanchieren: Überbrühen; kurzes Überkochen; vorbereitendes Kochverfahren.

Cocotte oder **Kasserolle:** Bratengeschirr mit Deckel, in welchem auch serviert wird. Zubereitung „en cocotte" – ohne Garnierung, „en casserolle" – mit Garnierung.

Darioleform: Kleine, glatte, konische Form.

Etamin: Passiertuch; festes, feines Tuchgewebe zum Passieren und Seihen von Fonds, Suppen und Saucen.

Filetieren: Gräten auslösen; entgrätete Filets herrichten.

Fond: Charakter- und geschmacksgebender Grundstoff; bei Saucen als Aufgussmittel, bei Braten im Bratensatz.

Jus: Saft; Bratensaft; Fleischsaft; Fruchtsaft.

Karkasse: Knochengerüst; Gerippe von Fischen, Geflügel, etc.

Marinieren: Einreiben von Lebensmitteln mit geschmacksgebenden Substanzen und Flüssigkeiten.

Mirepoix: rohes Wurzelgemüse zum Anrösten

Nappieren: Überziehen; Überstreichen, Übergießen.

Papillote: Papierhülle; auch Manschette (z.B. für Geflügelknochen).

Parieren: Zurichten; Zurechtschneiden; überflüssige Haut und Sehnen wegschneiden.

Parüren: Abschnitte, die durch das Parieren anfallen. Verwendung für Bouillons und Fonds.

Pochieren: Unter dem Siedepunkt garen.

Reduzieren: Einkochen bis zum gewünschten Dickegrad.

Sautieren: Kleine Stücke braten oder schwingend rösten.

Terrine: ein Porzellantopf, in dem Suppen und Ragouts angerichtet werden.

Danksagung

Univ. Ass. Professor Dr. Markus Metka bedankt sich an dieser Stelle herzlich für die inspirierenden und beratenden Gespräche, für die fachliche und organisatorische Unterstützung sowie für Geduld und Ausdauer bei der Erstellung dieses Buches bei seiner Mutter Frau Dr. Agnes Metka, Herrn Thomas M. Walkensteiner, Frau Silke-Elisabeth Wastler, Herrn Dr. Wolfgang Clementi, Herrn Friedrich Crepaz, Prof. Dr. Johannes Huber, Frau Dr. Michaela Rolly und Frau Dr. Katharina Steinert.

Thomas M. Walkensteiner bedankt sich herzlich für die erfrischende, wissenschaftliche und kreative Unterstützung bei Herrn Univ. Ass. Professor Dr. Markus Metka, Frau Silke-Elisabeth Wastler und seinen Eltern Maria-Luise und Karl Matheisl, sowie für die tatkräftige Unterstützung bei Herrn Generaldirektor Herbert Laubichler-Pichler und seinem Sous-Chef Herrn Ramon Mayer. Besonderer Dank gilt außerdem seiner Lebensgefährtin Frau Elfriede Mamoser für das Aufbringen von viel Verständnis und Geduld.

Silke-Elisabeth Wastler bedankt sich bei ihrem Adoptivvater Herrn Helmut Stroblmair, ihrer Adoptivmutter Frau Jana Stroblmair, ihrer Mutter Frau Sonilinde Wastler, ihrer Oma Frau Maria Schendel, Herrn Dr. Markus Metka, Herrn Thomas M. Walkensteiner, Frau Eva Meindl und Herrn Stefan Nagy für die tatkräftige Unterstützung bei ihren Recherchen.

Die Autoren bedanken sich außerdem bei der Firma Villeroy & Boch, die sämtliche Koch-Accessoires für die Fotoaufnahmen zur Verfügung gestellt hat.

Autorenbiografien

Markus Metka, Prof. Dr. med., geboren 1951 in Feldkirch/Österreich, ist Facharzt für Frauenheilkunde und Geburtshilfe, außerdem Androloge. Er ist Professor für gynäkologische Endokrinologie an der Universität Wien. Präsident der Österreichischen Menopause- und Andropause-Gesellschaft, Präsident des Vereins für Praxis-orietierte Gynäkologie, Präsident of Androx, the Society for the Research on Cord Blood Sampling and Stern Cells Therapies.
Markus Metka gilt als einer der führenden Pioniere auf dem Gebiet der Anti-Aiging-Medizin und der Hormonforschung, er hat als Autor an mehr als 200 wissenschaftlichen Veröffentlichungen mitgearbeitet. Seine populärmedizinischen Bücher wie „Der Mann 2000“ und „Der neue Mann“ wurden in 15 Sprachen übersetzt.

Thomas M. Walkensteiner, geboren 1964 in Lustenau, Vorarlberg, absolvierte die Hotelfachschule, bevor er seine Ausbildung zum Koch begann. Sein Berufsweg führte ihn u. a. in die haubengekrönten Küchen von Reinhard Gerer (Restaurant Korso, Wien), Ewald Plachutta (Zu den 3 Husaren, Wien), Eckart Witzigmann (Aubergine, München) und Hotel Zürser Hof (Zürs am Arlberg). Seit 2003 ist er Küchendirektor im Hotel Schloss Fuschl und im Arabella Sheraton Hotel Jagdhof in Salzburg.